»Ich war zwanzig, als ich das erste Mal auf der Stazione Termini aus einem Zug stieg, an einem kühlen Frühjahrsmorgen, übernächtigt, aber erregt von Erwartungen.« Wenige Jahre später kehrt Fritz Arnold nach Rom zurück, doch alles ist anders: Man schreibt das Jahr 1941, und der Reisende trägt Wehrmachtsuniform. Eindrucksvoll erzählt er von seinen Erfahrungen und Begegnungen und von dem Versuch, mit Hilfe von Literatur die folgenden Jahre der Feindschaft zu überstehen.

Fritz Arnold, geboren am 9. September 1916 in München, studierte Literatur- und Kunstgeschichte in München und Köln. Er arbeitete als Zeitungsredakteur, Lektor und hat 1987 den Essayband ›Welt im Wort‹ veröffentlicht. Er starb am 17. Februar 1999 in Feldafing.

Fritz Arnold

Freundschaft in Jahren der Feindschaft

Deutscher Taschenbuch Verlag

Ungekürzte Ausgabe
September 2006
Deutscher Taschenbuch Verlag GmbH & Co. KG,
München
www.dtv.de
Lizenzausgabe mit Genehmigung des Carl Hanser Verlags

Umschlagkonzept: Balk & Brumshagen
Umschlagfotos: Corbis/Bettmann (Hintergrund)
und Privatbesitz des Autors
Gesetzt aus der Stempel Garamond 12/14· (3B2)
Gesamtherstellung: Druckerei C. H. Beck, Nördlingen
Gedruckt auf säurefreiem, chlorfrei gebleichtem Papier
Printed in Germany
ISBN-13: 978-3-423-25255-3
ISBN-10: 3-423-25255-3

Man muß die Redlichkeit haben, die Grenzen, an die man gestoßen ist, zu nennen.
Man muß in der Zukunft so lächerlich erscheinen, wie man war.

Elias Canetti

Rom

Ich war zwanzig, als ich das erste Mal auf der Stazione Termini aus einem Zug stieg, an einem kühlen Frühjahrsmorgen, übernächtigt, aber erregt von Erwartungen, und meinen Koffer über die Piazza dell'Esedra in eine Pension in der Via Torino schleppte. 1941 – vier Jahre später –, wieder nach einer schlecht verbrachten Nacht und mit Gedanken, was mir wohl bevorstünde, kletterte ich in Uniform aus einem Militärzug und trug nicht nur einen Koffer, sondern auch einen Karabiner zur Piazza dell'Esedra, um mich bei meiner neuen Dienststelle zu melden, dem Standortoffizier von Rom.

Die Stadt schien unverändert, in den offenen Bars zischten die Espressomaschinen und verbreiteten warmen Kaffeeduft, aus den Lautsprechern quäkte der neueste Schlager ›San Francisco open your golden gate …‹, elegante Damen und Herren eilten über die Via Nazionale, und freche Ragazzi liefen hinter mir her, um mir irgendwas zu verkaufen.

Rom als Sitz des Vatikans war zur offenen Stadt erklärt worden, und das hieß, die dort stationierten fremden Soldaten hatten Zivil zu tragen. Wir bekamen zu unserem Sold eine Aufwandsentschädigung; ich ließ mir Anzüge machen und kaufte einen Panamahut. Auf dem Foto in meiner Tessera d'identitá sah ich aus wie ein Italiener. Unser Quartier war eine Pension in der Nähe der Porta Pinciana. Ich hatte ein winziges Zimmer, dessen Fenster auf einen Innenhof ging. Der Geruch von erhitztem Öl und faulendem Gemüse stieg herauf, und ein Grammophon schrie laut ›San Francisco open your golden gate ...‹.

Ich packte meine Bücher aus und stapelte sie auf dem kleinen Holztisch: Fritz Alexander Kauffmanns ›Roms ewiges Antlitz‹, Ferdinand Gregorovius' ›Geschichte der Stadt Rom im Mittelalter‹, Goethes ›Italienische Reise‹ und den ›Cicerone‹ von Jacob Burckhardt mit den Anstreichungen und Notizen meines ersten Italienaufenthaltes, den mir die Eltern nach bestandenem Abitur geschenkt hatten. Vielleicht konnte ich sie wieder brauchen. Brauchen? Wie denn? Ich war Soldat, wenn auch kein guter, in zwei Jahren hatte ich es gerade zum Obergefreiten gebracht. Während der Grundausbildung hatte ich eine Sehnenscheidenentzündung an beiden Schienbeinen bekommen und war wochenlang in der Krankenstube gelegen. Danach war ich nicht mehr infanterietauglich und wurde in die Schreibstube kommandiert, und als Schreibsoldat war ich nun auch nach Rom geschickt worden. Nicht als Student, als Soldat stand ich vor den Büchern.

Die Dienststelle war in einigen Büroräumen unter den Arkaden der Piazza dell'Esedra untergebracht. Ihr stand ein Oberstleutnant vor, der im Ersten Weltkrieg unter Lettow-Vorbeck in Deutsch-Ostafrika gedient hatte und nun zu seinem und seiner Frau Mißfallen aus dem Ruhestand reaktiviert worden war. Er hatte erkannt, daß der militärische Komment des Kaiserreichs nicht mehr viel galt und verließ sich mehr auf die Autorität seines Alters. Wenn er hinter seinem wuchtigen falschen Renaissancetisch die Eintretenden väterlich anblickte, sah er in seinem Tweedjackett, mit weißem Schnurrbart und Hornbrille, eher aus wie ein englischer Country-Gentleman. Er leitete die Dienststelle wie ein Reisebüro.

Und das waren wir auch. Wir hatten für Transport und Unterkunft der nach Nordafrika ziehenden Soldaten zu sorgen und allerhand Probleme mit den italienischen Militärbehörden zu regeln. Die Stimmung war gut, denn Rommel hatte in Libyen die von den Italienern aufgegebene Festung Tobruk zurückerobert. Ich hatte ein Wehrmachtskino zu betreuen, in dem die Soldaten bei Zarah Leanders Habanera feuchte Augen bekamen und von Emil Jannings als Ohm Krüger wieder aufgerichtet wurden. Einmal im Monat begleitete ich den Sanitätsoffizier in die Bordelle, um zu kontrollieren, ob die *puttane* nicht krank waren und die Wehrkraft schwächten. An der Tür meines Zimmers hing ein Schild »Oberstleutnant Wülfing, Standortoffizier«. Wenn Offiziere, die die darunterstehende kleine Zeile »Vorzimmer« übersehen hatten, eintraten, mich eleganten Schnösel an einem großen Schreibtisch für den Oberstleutnant hielten und militärisch grüßten und ich aufsprang, Haltung annahm und mich mit »Obergefreiter Arnold« meldete, hatte ich meinen geheimen Spaß bei den verschiedenen Arten von verärgerter oder amüsierter Verblüffung.

Meine hauptsächliche Aufgabe war die monatliche Abfassung eines Tätigkeitsberichtes an die vorgesetzte Dienststelle. Mit viel Phantasie, aber in korrekten militärischen Formulierungen, ließ ich unsere bescheidene Tätigkeit von Mal zu Mal »kriegswichtiger« erscheinen. Wenn ich das Dokument dem Oberstleutnant zur Unterschrift vorlegte, las er es bedächtig durch, warf mir zuweilen einen erstaunten Blick zu und unterschrieb es mit einem halb tadelnden, halb wohlwollenden »Na, na«.

Unser Dienst richtete sich nach den italienischen Bürostunden. Das gab mir viel freie Zeit. Ich hatte aus München drei Empfehlungen mitbekommen: an Professor Hoppenstedt, einen Kunsthistoriker an der Biblioteca Hertziana, an Ludwig Curtius, den emeritierten Leiter des Deutschen Archäologischen Instituts, und an Hans Eberhard Friedrich, den Korrespondenten der ›Deutschen Allgemeinen Zeitung‹. Sie öffneten mir den Zugang zu offiziellen, inoffiziellen und bald auch zu den mehr oder weniger verborgenen Kreisen Roms. Da junge Männer rar waren und ich als wohlgekleidet galt und man mir gute Manieren zutraute, war ich bald Lückenbüßer auf den unterschiedlichsten Veranstaltungen und Empfängen und mußte oft ein neidisches »Ja, wie sind Sie denn da hingekommen?« hören.

In der Hertziana, die offiziell jetzt Kaiser-Wilhelm-Institut hieß, da man den jüdischen Stifter verleugnete, traf sich eine bizarre Mischung aus faschistischen und nazistischen Intellektuellen und, wie ich erst mit der Zeit merkte, auch solchen, die ganz andere Ansichten hatten. Professor Hoppenstedt, der mit seinen weichlichen Bewegungen schlecht in die braune Uniform mit ihren Lederverschnürungen paßte, die er bei solchen Gelegenheiten trug, hüpfte, sein Glas mit abgespreiztem Finger zärtlich balancierend, durch die Räume und stellte seine Gäste einander vor. War es Torheit oder List, daß er nicht darauf achtgab, wen er mit wem bekannt machte? Zuweilen konnte ich ein rasch wieder zurückgenommenes Erstaunen, ja vielleicht sogar Erschrecken beobachten, wenn jemand den Namen seines Gegenübers hörte. Einmal kam ich mit Julius Evola ins Gespräch, der mit seinem Buch ›Erhebung wider die moderne Welt‹ auch in Deutschland als Edelfaschist in konservativen Kreisen ernst genommen wurde. Ich hatte das Buch nicht gelesen und plauderte mit ihm artig über Italianitá, ein schon damals beliebtes Thema.

Oft ging ich aber allein durch die Straßen. Sie waren ruhig, man konnte in ihrer Mitte stehenbleiben und die Fassaden der Palazzi betrachten; es gab fast keine Autos, nur ab und zu hörte man das dumpfe Pochen von Pferdehufen auf dem Pflaster, eine Kutsche fuhr vorüber. Ich konnte es nicht lassen, auch in die Buchläden zu schauen – und da, in der Auslage an der Piazza di Spagna, stand Thomas Manns ›Lotte in Weimar‹ in der Stockholmer Ausgabe von 1939. Sie war in Deutschland verboten. Ich ging mit dem Buch hinüber ins Caffè Greco in der Via Condotti; ich konnte nicht warten, ich mußte sofort mit der Lektüre beginnen, wie immer, wenn ich ein neues Buch entdeckt hatte.

Da war sie wieder, die ironische, fesselnde Sprache des ›Zauberbergs‹, den ich früh gelesen hatte, allzufrüh vielleicht, Settembrini und Naphta waren für mich geworden, was Winnetou und Old Shatterhand für meine Schulfreunde waren, geheime Vertraute unserer suchenden Phantasie. Viele Abende las ich jetzt in dem schlechten Licht des

Greco, wie ich als Schüler beim Licht einer Taschenlampe unter der Bettdecke gelesen hatte. Und wie einst Settembrini und Naphta, machte mir jetzt der Geheimrat Goethe Herzklopfen. Zweimal las ich das siebente Kapitel, die Seiten des inneren Monologs des alten Goethe, und die zornigen Urteile über die Deutschen, die Thomas Mann ihm in den Mund legt, »... daß sie den Reiz Wahrheit nicht kennen, ist zu beklagen, daß ihnen Dunst und Rausch und all berserkerisches Unmaß so teuer, ist widerwärtig, – daß sie sich jedem verzückten Schurken gläubig hingeben, der ihr Niedrigstes aufruft, sie in ihren Lastern bestärkt und sie lehrt, Nationalität als Isolierung und Roheit zu begreifen, – daß sie sich immer erst groß und herrlich vorkommen, wenn all ihre Würde gründlich verspielt, und mit so hämischer Galle auf die blicken, in denen die Fremden Deutschland sehn und ehren, ist miserabel«.

Diese Worte fielen wie Steine in mein unruhiges Denken. Sie sprachen aus, was ich gesucht, aber zu finden nicht gewagt hatte, was unartikuliert in mir rumorte. Hier war es formuliert, das »Leidig Dasein, im Ringen um Widerstreit mit einem Volkstum, das doch auch wieder den Schwimmer trägt«. Ich war ein Deutscher, ich konnte nichts anderes sein, ich wollte nichts anderes sein – war ich auch gemeint? Ich kaufte noch zwei Exemplare und schickte mit der Feldpost eines nach Köln an Ernst Bertram, in dessen Vorlesung über den alten Goethe ich in meinem letzten Semester vor dem Kriege gesessen hatte, und eines nach München an Ernst Penzoldt, der mir bei langen Spaziergängen im Englischen Garten von Thomas Mann erzählt hatte.

Ein Stipendiat der Hertziana war der Münchner Kunsthistoriker Carl Lamb. Er hatte die Bedeutung des Lichts in der Baukunst entdeckt, den Einfluß von Licht und Schatten auf die Wirkung von Räumen, Gewölben, Säulen und Stukkaturen, und in seinem Buch über die Wieskirche den Raum im wandernden Licht dargestellt. Es hatte mich gelehrt, nun auch die römischen Bauten mit mehr Verständnis für ihre Profilierungen zu betrachten. Er beschäftigte sich gerade damit, herauszufinden, ob auch die Tempel von Paestum für ein bestimmtes Licht gebaut worden waren und ob vor allem der Poseidontempel so angelegt war, daß das aus einer östlichen Bergsenke einfallende Sonnenlicht die in der Mitte des Tempels stehende Götterstatue zu morgendlichem Leuchten gebracht hatte.

Dem Licht war er auch in Rom auf der Spur. Mit Leica, Stativ und schwarzem Tuch durchstreiften wir die Stadt. Sein Enthusiasmus war durch Genauigkeit gezügelt. Tagelang beobachteten wir die Marc-Aurel-Statue auf dem Kapitol, bis wir den Sonnenstand herausgefunden hatten, der die Konturen des bärtigen Hauptes so zum Vorschein brachte, daß die souveräne Ruhe dieser herrscherlichen Physiognomie zum richtigen Ausdruck kam und in der Patina die Reste der einstigen Vergoldung schimmern ließ. Damals stand dort noch das Original. Lamb scheute keine Mühe und kletterte mit seinem Stativ waghalsig auf Treppen und Balustraden.

Lamb war ein Kunsthistoriker des Auges. Ihn entzückten Linien, Farbnuancen, poröse und schimmernde Marmorflächen, die Flüchtigkeit, mit der der Fuß einer Statue den Boden berührte, der Augenaufschlag einer Heiligen, der drohende Finger eines Johannes, das Licht auf den sprudelnden und fließenden Wassern der Fontana Trevi oder auf dem Brunnen der Piazza Navona. Mit immer neuem Entzücken liefen wir durch die Stadt, im Mittagsglast und in den Dämmerungen des Abends und des Morgens.

An Carl Lamb war alles rund, seine geschneckelten schwarzen Haare, seine Kulleraugen, und auch das Lachen, das seinen ganzen Körper tanzen ließ, rollte durch die Gassen, die Museen, die Tavernen. Kunst war für ihn Genuß, und diesen Genuß entfachte er auch in mir. Und genießen konnten wir auch in den Trattorien die in Marsala gedünsteten Zwiebelchen und die großen Scheiben gerösteter Steinpilze, die uns der Padrone heimlich unter Spaghetti versteckt zuschob, denn Lebensmittel – und zumal solche Leckerbissen – waren rar und begehrt, es war Krieg. Neben den Amarettoflaschen hinter der Theke stand das Foto eines Bersagliere, der unter seinem Federhelm mit großen Augen auf uns herabsah, mit einem Trauerflor behängt und einem kleinen Blumenstrauß davor. Er war der Sohn des Hauses, und wenn die Padrona sich umdrehte, um nach einer Flasche zu greifen, schaute sie immer zuerst zu ihm.

An allen Fronten hatte es hohe Verluste gegeben. Ein Führerbefehl kam, daß alle Soldaten, die irgend dazu geeignet wären, sich zur Offiziersausbildung zu melden hätten. Als der Adjutant des Oberstleutnants, ein verhemmter Studienrat, der seine militärische Unsicherheit hinter Zackigkeit zu verbergen suchte, mir das vorlas und mich aufforderte, mich zu melden – freiwillig, das war die Formel für den Zwang –, da ich doch Abiturient sei, sagte ich, daß ich das nicht wolle. Auf seine erstaunte Frage »Warum nicht, Obergefreiter Arnold?« antwortete ich: »Herr Hauptmann, ich möchte in diesem Krieg keine Verantwortung übernehmen.« Er lief rot an, preßte die Lippen zusammen und schrie dann mit überschnappender Stimme: »Das ist Defaitismus! Das ist Wehrkraftzersetzung! Das ist Befehlsverweigerung! Ich bringe Sie vors Kriegsgericht! – Abtreten!«

Da wurde mir erst klar, was ich gesagt hatte. Es war aus mir herausgeschossen, unbedacht, ja ich war jetzt selbst erstaunt über diese Formulierung, ich hatte mir so was nie überlegt.

Ich bin sieben oder acht Jahre alt. Auf dem Schulhof gibt es eine Rauferei, in der mir ein Mitschüler zuruft: »Dei Vadda is a Sozi!« Ich weiß nicht, was das ist, aber ich begreife, daß es etwas Unehrenhaftes, eine Beleidigung sein muß, und schlage zurück. Als ich mit rotem Kopf und zerzaust nach Hause komme, sitzen Vater und Mutter noch am Frühstückstisch. Das elterliche Frühstück, nachdem wir Buben in der Schule sind, dauert immer lange; die Mutter macht Notizen für die Einkäufe des Tages, der Vater liest mehrere Zeitungen, bevor er die blaue Zwiebelmustertasse voll Kaffee nimmt und ins Atelier geht, um seine Karikatur für die nächste Nummer des ›Simplicissimus‹ fertigzumachen. Ich verkünde stolz: »Der Knauer hat gesagt, du bist ein Sozi. Da habe ich ihn gehauen.« Die Eltern lachen. Ich bin verstört, ich hatte erwartet, für eine Heldentat belobigt zu werden. Mir kommen die Tränen. Die Mutter belehrt mich: »Die Sozi, das sind die Sozialdemokraten, das ist eine politische Partei. Der Vater ist aber in gar keiner Partei. Er sagt nur seine Meinung. Man muß immer ehrlich seine Meinung sagen – egal, was passiert!«

Jetzt in Rom passierte nichts. Der Oberstleutnant, der keine Unruhe und kein Aufsehen wollte und vielleicht auch um den Tätigkeitsbericht bangte, gab die Anzeige nicht weiter.

Ludwig Curtius lebte draußen an der Via Flaminia in einer Etagenwohnung, die vollgestopft war mit den antiken Möbeln und Bildern aus seiner einstigen größeren Wohnung am Corso. Bis 1938 war er Direktor des Deutschen Archäologischen Instituts gewesen. Die Nazis hatten ihn vorzeitig emeritiert, was er als eine Art »Ritterschlag« empfunden hatte. Wir saßen vor einem riesigen Barockgemälde, das die Wand vom Boden bis zur Decke ausfüllte, die Busenknöpfchen der exaltierten Heiligen in Augenhöhe. Curtius dozierte gern, und ich war ein begieriger Zuhörer. Er hatte nur noch wenige Zähne und erklärte mir, daß er eine Prothese verabscheue, da man dann den Wein nicht mehr schmecken könne. Beim Frascati hockten wir auch viele Abende zusammen.

Er erzählte nicht nur vom antiken Rom, von Marc Aurel und Augustus, vom Leben in den Thermen, von Ciceros Tusculum, von den mittelalterlichen Mosaiken und wie die heidnischen Tempel zu Kirchen und die Badewannen der Römer zu Altären der Christen geworden waren. Wir sprachen auch über meine Lieblinge Gracian und Montaigne und über Kafka, dessen ›Beim Bau der chinesischen Mauer‹ – ein damals verschollenes und seltenes Buch – mir einst Werner Helwig gegeben hatte mit den Worten: »Junge, det mußte lesen, det is klasse.« Und über Proust. Ich kannte ›Die Herzogin von Guermantes‹ in der Übersetzung von Walter Benjamin und Franz Hessel. In Köln, als ich dort studierte, hatte mir Albert Schulze-Vellinghausen – der nach dem Krieg berühmte, witzige Theaterkritiker war damals Buchhändler im modernen Antiquariat der Bücherstube am Dom – die beiden verramschten Bände der Piper-Ausgabe hingeschoben.

Wir hatten bald eine gemeinsame Welt, gemeinsame Bekannte, Figuren der Literatur wurden zu unseren Dialogpartnern. Hans Castorp, Lodovico Settembrini und Leo Naphta, den in Armance verliebten Octave de Malivert, Lucien de Rubempré und seinen Verführer Vautrin, Julien Sorel und Mathilde de la Mole, Lafcadio, den Immoralisten Michel, den Vicomte de Valmont und die Marquise de Merteuil, Billy Budd und den sich selbst zerstörenden Dorian Gray, den Baron de Charlus und den Schneider Jupien – sie alle kannte ich besser als meine Mitschüler und Bekannten, und ich hatte sie in den Menschen gesehen, denen ich auf der Theatinerstraße und in den Foyers der Kammerspiele oder der Oper begegnet war – und nun war ich auf jemanden getroffen, der sie noch besser kannte.

Unsere Unterhaltungen hatten zuweilen auch etwas Hochfliegendes, ja Snobistisches. Gefühle und Meinungen äußerten sich in literarischen Anspielungen oder Erinnerungen an Kunstwerke. Manchmal traf ich Curtius in meiner Mittagspause in der Piscina draußen im Foro Mussolini. Den riesigen muskelstrotzenden Athletenfiguren, die nebenan das Stadio dei Marmi umstanden, hatte man, um dem Papst bei der Einweihung den Anblick männlicher Geschlechtsteile zu ersparen, häßliche, aus Beton gegossene Feigenblätter angesteckt, die Metallklammern waren inzwischen verrostet und hatten rote Striemen auf die Innenseite ihrer gespreizten Schenkel gezeichnet. Für die kurzbeinigen Römer mit Wasserperlen in den schwarzen Locken ihrer Titusfrisuren und die vollbusigen Römerinnen mit dunklen Haarbüscheln in den Achselhöhlen hatte Curtius fast immer ein Zitat aus Catull, Juvenal oder Martial parat. Wie er da auf den Marmorstufen in der Sonne saß, mit braungebranntem Kugelbauch, und mit zahnlückigem Mund lachend und lateinisch zitierend, sah er aus wie ein antiker Faun.

Ab und zu versammelte sich bei ihm eine kleine Gruppe, um vorzulesen oder über ein vereinbartes Thema zu diskutieren. Als ich an der Reihe war, referierte ich über Ernst Jünger. Hatte das zeitkritische Panorama des ›Zauberbergs‹ mir

Einsichten gebracht, die meine Weltkenntnis erweiterten, so hatten die »geschliffenen Dunkelheiten« des ›Abenteuerlichen Herzens‹ mich »zu den metaphysischen Wurzeln meiner Existenz geführt, an die Grenze des begrifflich Erfaßbaren, jenseits von der jene dämonische Welt beginnt, die wir nur in besonderen Stunden zu erschauen vermögen und an die uns der Zweifel mit der Macht eines Soges zieht«, wie ich der geduldig lauschenden Runde verkündete.

Mich hatte in einem Capriccio wie ›Violette Endivien‹ Jüngers kalter Blick fasziniert. Er hatte mich an Zeichnungen von George Grosz erinnert. Das ›Stahlgewitter‹ und erst recht ›Der Kampf als inneres Erlebnis‹ hatten mich allerdings abgestoßen. Thomas Mann war Kenntnis, Ernst Jünger war Erkenntnis. Und die ›Marmorklippen‹, die ich gelesen hatte, als ich mit Sehnenscheidenentzündung in der Krankenstube der Türkenkaserne lag, hatten mich die Zeit wie in einem magischen Spiegel begreifen lassen.

Die Diskussion, die meinen emotionalen und allzu arglosen Ausführungen folgte und bis tief in die Nacht ging, war eine der Diskussionen, die nicht zu einem Ergebnis führen, sondern – wie in einem kollektiven Monolog – zu Beunruhigung.

Zu der abendlichen Runde gehörte auch der Schriftsteller Hans Mahner-Mons, ein belesener kritischer Gesprächspartner. Er hatte am Libretto von Hans Pfitzners Oper ›Das Herz‹ mitgearbeitet, unter dem Pseudonym Hans Possendorf aber Illustriertenromane geschrieben, die sensationelle Erfolge waren. Einer von ihnen, ›Klettermaxe‹, ist auch verfilmt worden. Er hatte damit gut verdient und lebte nun in Rom in einer Art komfortablem Exil und schrieb, wie er uns erzählte, einen »ernsthaften« Roman. Eines Abends las er aus dem Manuskript vor. Es war ein historischer Roman aus den Bauernkriegen – und alles klang wie Klettermaxe, flott, spannend. Das war alles. Es war ein Irrtum, in zwei verschiedenen Stilen schreiben zu können. Curtius half uns über unsere Verlegenheit hinweg, indem er über den Bauernkrieg zu dozieren begann.

Viele Jahre später erinnere ich mich daran. Auf der Tagung der Gruppe 47 in Großholzleute liest abends, nachdem am Tage Günter Grass mit den ersten Kapiteln aus der ›Blechtrommel‹ alle in Aufregung versetzt hatte, Friedrich Podszus, Lektor im Suhrkamp-Verlag, aus dem Manuskript eines Romans, den er, wie er bescheiden sagt, zu schreiben gewagt habe. Er war in all den harten, oft eitlen und emotionalen Diskussionen immer ein behutsamer, gerechter und überlegter Kritiker. Jetzt sitzt er selbst auf dem verhängnisvollen Stuhl neben Hans Werner Richter. Er liest mit leiser, gehemmter Stimme, nicht gut, und was er liest, ist auch nicht gut. Es ist, wie Joachim Kaiser später schreibt, von »tragischer Unzulänglichkeit«. Jeder andere wäre danach schnöde niedergemacht worden. Aber Podszus! Schweigen. Keiner wagt etwas zu sagen. Da springt Franz Joseph Schneider auf und ruft, wie dankbar wir unserem lieben Podszus doch sein müßten, daß er uns Einblick gewährt habe in seine eigene kreative Arbeit, er, der als Lektor so vielen mit Rat und Kritik schon geholfen habe. Unser lieber Podszus! Der merkt nichts, er sitzt erschöpft, schweißglänzend auf dem Stuhl und strahlt.

Hoch oben in einem alten Haus an der Via Margutta lebte das Malerehepaar Fohn. Sie waren mit Curtius befreundet, und eines Abends luden sie mich zum Essen ein. Ich betrat eine Wunderkammer. An den Wänden funkelten im dämmrigen Licht die Farben von Lovis Corinth, Jawlensky, Nolde, Franz Marc. Sofi und Emanuel Fohn hatten sich 1933 in Rom niedergelassen und mit bescheidenen Mitteln, aber viel Kennerschaft und Spürsinn eine Sammlung von Gemälden und Graphiken deutsch-römischer Künstler des 18. und 19. Jahrhunderts zusammengetragen. Als die Nazis moderne Kunst als entartet denunzierten und aus den deutschen Museen entfernten, hatten sie den Plan gefaßt, solche Werke zu retten. Es war ihnen tatsächlich gelungen, nach schwierigen Verhandlungen ihre Sammlung, die dem Geschmack der Nazis zusagte, gegen verfemte Kunstwerke einzutauschen.

So saß ich wieder vor einem Gemälde, vor den leuchtenden, wirbelnden Farben von Franz Marc. Als wir Teller, Schüsseln und Gläser abgeräumt hatten, legte Emanuel Fohn die Mappen mit Graphiken auf den Tisch.

Ich kannte moderne Kunst aus Büchern in der Bibliothek meines Vaters. Kunst war in meinem Elternhaus etwas Selbstverständliches, so selbstverständlich, daß von ihr nicht viel Aufhebens gemacht wurde. Nur gelegentlich, wenn mein Vater mich beim Schmökern antraf, sagte er mir einige Worte über seine Lieblinge Toulouse-Lautrec oder Daumier oder auch die griechischen Vasenzeichnungen. Er war aber der Meinung, ich sollte meine Nase nicht so viel in Bücher stecken, sondern lieber auf den Sportplatz gehen. Als ich das Abitur gemacht hatte und studieren durfte, wozu ich Lust hatte, wenn ich nur einen ordentlichen Abschluß machte, begann ich mit Kunstgeschichte und lief mit meinem Notizblock, Vasari, Burckhardt und Wölfflin im Kopf, durch die Museen. Die perfide Horrorinszenierung der Ausstellung ›Entartete Kunst‹ hatte mich eher verwirrt.

Aber hier gingen mir im wahrsten Sinne des Wortes die Augen auf, wenn Emanuel Fohn mit den einfachen, liebevollen Worten eines Malers auf die harten Holzschnittkonturen Heckels oder Schmidt-Rottluffs, den weichen Kreidestrich Otto Müllers, die geheimnisvollen Spinnweben Alfred Kubins oder Ernst Barlachs, die feuchten Farben Franz Marcs hinwies und mir die überlegten Kompositionen in den anscheinend so chaotischen Radierungen Max Beckmanns erklärte. Daß ich das Licht und die Farben, die Klee und Macke auf ihren tunesischen Aquarellen festgehalten hatten, bald selbst erleben sollte, ahnte ich nicht.

Von Politik war nie die Rede. Sie war selbstverständlich zu verachten. Die Fohns, die eher konventionelle Maler waren, liebten die Kunst unabhängig von ihrem historischen, theoretischen oder ideologischen Hintergrund; die Freiheit des Künstlers galt ihnen als unantastbar, sie hatten den Malerblick für Schönheit, und Schönheit hatte viele Formen und Farben.

Ich fühlte Katakombenstimmung dort oben unter dem Dach. Mir waren diese Werke bedeutend, weil sie verborgen waren, gerettet und bewahrt. Das Verbotene und Geheime war mir zum Maßstab geworden, seitdem es Verbote gab und Bücher verbrannt worden waren. In verbotenen Büchern, in geheimem Wissen hatte ich seitdem die Wahrheit gesucht. Wenn der Antiquar Miedanner in seinem kleinen Laden in der Türkenstraße das Schubfach seines Schreibtisches aufzog, so daß ich einen Band von Stefan Zweig, Heinrich Mann, Feuchtwanger oder Freud sehen konnte, waren diese Bücher für mich Offenbarungen. Ich eilte mit ihnen um die Ecke in die Konditorei Erbshäuser, um bei einem Stück Prinzregententorte gleich mit dem Lesen anzufangen. Der Blick für die Eigenheiten jedes einzelnen Kunstwerks, den mich die Fohns an den Abenden, die noch folgten, gelehrt haben, hat mir bis heute das Verständnis für alte wie neue Kunst vertieft.

Mit Hans Eberhard Friedrich verstand ich mich schon vom ersten Augenblick an, als er mir in seiner Wohnung auf dem Parioli zwischen den hohen Wänden seiner Bibliothek entgegenkam, in elegantem grauem Flanellanzug, mit smartem blondem Schnurrbart, und mich mit seinen blauen Augen anlächelte. Wir waren gleichgestimmt in unseren künstlerischen und literarischen Ansichten und Vorlieben – über Stendhal konnten wir uns stundenlang unterhalten, und Gogol habe ich durch ihn kennengelernt – und auch in unseren politischen Meinungen. In jener Zeit fragte man sich immer, wenn man mit jemandem in näheren Kontakt kam, wie er sich wohl in Stunden der Gefahr verhalten würde. Das Gefühl, bedroht zu sein, sich entscheiden zu müssen, und die Frage, wem man dann trauen könne, war immer da. Eine harmlose Sottise, am falschen Ort kolportiert, konnte verhängnisvolle Folgen haben. Nicht nur bei Hoppenstedt wußte man oft nicht, vor wem man auf der Hut zu sein hatte. Es gab Augurenworte, die Einvernehmen herstellten, und wenn dies hergestellt war, war es um so intensiver.

Wir sprachen zugleich leicht und scharf miteinander, nach allen Seiten ausgreifend und mit Zitaten und Allusionen spielend. Er nahm mir auch meine Ironie und meinen Sarkasmus nicht übel, womit ich meine Empfindlichkeit, meine leicht zu erschütternde Lebensernsthaftigkeit, meine Zweifel und unfertigen oder widersprüchlichen Gedanken zu schützen suchte – gegen andere wie gegen mich selbst. Ich fürchtete immer, vom Überschwang meiner Gefühle oder Überlegungen hingerissen zu werden und dann Mißverständnissen oder Spott ausgesetzt zu sein. So zog ich es vor, diesen bewußt selbst zu erzeugen und dann lenken zu können. Bei Hans Eberhard war das nicht nötig.

Seine junge Frau war Fotografin und trug sich auch wie damals eine mondäne Fotografin: schwingende Glockenfrisur, schwingender Rock, flache Schuhe, kein Schmuck. Zusammen fuhren wir hinaus in die menschenleeren Gärten von Tivoli und in den manieristischen Park von Caprarola, wo uns die vasentragenden Karyatiden angrinsten, wenn wir mit Käse und Wein in ihrem Schatten saßen. Wir waren im Einvernehmen.

Sie war eine stille Zuhörerin, wenn in der Bibliothek eine seltsame Schar von Gästen saß: deutsche, italienische und kroatische Journalisten, Angehörige fremder Botschaften oder des Vatikans, Einzelgänger mit undurchschaubaren und auch nicht befragten Beschäftigungen. Rom war ein Boden zwielichtiger Machenschaften. Faschisten und Antifaschisten, Nazis und Antinazis konspirierten miteinander und belauerten einander. Da gab es am Vatikan den nachmals berüchtigten österreichischen Bischof Aloys Hudal, Rektor der deutschen Nationalkirche Santa Maria dell'Anima, der 1936 mit seinem Buch ›Die Grundlagen des Nationalsozialismus‹ viele Katholiken verwirrt hatte; den Kunsthistoriker Eugen Dollmann, von dem man nicht wußte, ob seine Sympathie für die SS Tarnung oder Eitelkeit war (seinen nach dem Krieg in London erschienenen Memoiren gab er den Titel ›Call me Coward‹); einen hohen SS-Offizier, der durch seine Entourage schöner junger Männer auffiel, und von dem es hieß, er halte seine Hand über einige, die keine Pässe mehr oder nur unzureichende Papiere hatten, und den dennoch alle fürchteten. Die von allerhand Gerüchten und Informationen gespeisten nächtlichen Gespräche waren freimütig, aber auch düster und gefährlich. Manchmal stand einer auf und ging durch die hohe Glastür auf die Terrasse. Aber Gottseidank, da war niemand.

Wir saßen hoch oben auf einer Dachterrasse im Mondschein: Hans Carossa, Carl Lamb und ich. Ringsum die Dächerlandschaft Roms mit bleichen Flächen und schwarzen Schluchten. Wir sprachen von Goethe und ob seine Weisheit Trost oder Hilfe geben könne, denn in jedem Gespräch unter Vertrauten kam bald die Angst hervor, die immer in uns da war. Indem wir über Goethe sprachen, sprachen wir über die Deutschen, sprachen wir über uns. Ich war noch gebannt vom Goethe Thomas Manns und zitierte fast wörtlich, was ich gerade gelesen hatte: »Humanität als universelle Ubiquität. Deutschtum ist Freiheit, Bildung, Allseitigkeit und Liebe, daß sie's nicht wissen, ändert nichts daran.« Nachdenklich schwiegen wir.

Wie sollte man sich verhalten, wie konnte man sich verhalten, wer war Freund, wer war Feind? Wen wünschte man sich zum Freund? Mit ruhiger Stimme sagte Lamb die Verse aus dem ›West-östlichen Divan‹ auf:

> Was klagst du über Feinde?
> Sollten solche je werden Freunde,
> Denen das Wesen, wie du bist,
> Im Stillen ein ewiger Vorwurf ist?

Im Schweigen setzten wir unser Gespräch fort. Man sprach es nie aus, aber Hitler war immer da. Und immer da war auch ein Gefühl der Ahnung von etwas Unbekanntem, Furchtbarem, Dämonischem. Carossa sagte, was Goethe in ›Dichtung und Wahrheit‹ geschrieben habe, sei wahr: am furchtbarsten erscheine dieses Dämonische, wenn es in irgendeinem Menschen überwiegend hervortrete. Eine ungeheure Kraft gehe von so einem aus, und er habe eine unglaubliche Gewalt über alle Geschöpfe, und wer könne sagen, wie weit sich eine solche Wirkung erstrecken werde. Er verstummte. Sein breites unbewegtes Gesicht sah im fahlen Licht aus wie eine Maske. Leise fuhr er fort, daß alle vereinten sittlichen Kräfte nichts gegen solche Menschen vermögen, die Masse werde von ihnen angezogen. – Es war weder Trost noch Hilfe.

An einem sonnigen Tag fuhren wir die Via Cassia hinaus, Wilhelm, seine Freundin und ich. Wilhelm hatte ein kleines Auto zur Verfügung, er war der Sohn eines Diplomaten und arbeitete als Dolmetscher. Wir fuhren nach Orvieto, ich wollte Luca Signorellis Fresken im Dom sehen. Bei Vasari hatte ich gelesen, daß er das Weltgericht »mit seltsamen und wunderlichen Erfindungen« gemalt habe, »Engel- und Teufelsgestalten, Zerstörung, Erdbeben, Feuer, Wunder des Antichrists, und viele andere ähnliche Dinge; nackende Gestalten, Verkürzungen und eine Menge schöner Figuren, indem er sich die Schrecknisse dachte, welche an diesem letzten angstvollen Tage herrschen würden. Hierdurch erweckte er die Geister Aller, die nach ihm kamen, so daß die Schwierigkeiten dieser Darstellungsweise ihnen leichter wurden, und ich verwundere mich nicht, daß Michelangelo die Werke dieses Meisters immerdar hochpries, noch daß er bei seinem göttlichen Weltgericht in der Sixtinischen Kapelle die Erfindungen dieses Meisters zum Teil benutzte.« In der Sixtinischen Kapelle war ich oft gewesen, Vasaris Urteil hatte mich neugierig gemacht, zumal auch Jacob Burckhardt geschrieben hatte, daß die Darstellungen Signorellis »die erste ganz großartige Äußerung des Jubels über die Bezwingung der nackten Form sind. Letztere wird uns hier nicht in reiner Idealität, wohl aber in großer jugendlich-heroischer Kraftfülle, in höchst energischer Modellierung und Farbe vorgeführt.«

Wir standen in der hohen Seitenkapelle und reckten die Köpfe. Oben unter den gotischen Spitzbögen quälte sich eine Menge nackter Körper in die Höhe und stürzte nieder, getragen von Engeln, gestoßen von Teufeln. Auf der gegenüberliegenden Wand predigte der Antichrist einer verzückten Menge. Das waren nicht die schweren Titanenkörper, die in der Sixtinischen Kapelle mit theatralisch aufgerissenen Mündern und schreckgeweiteten Augen wie Steine in den Abgrund stürzen. Michelangelo, der Bildhauermaler, erschüttert uns mit der physischen Gewaltigkeit eines ins Dämonische transponierten Menschengeschlechts, dessen Qualen uns erschrecken, die wir aber nicht spüren können. Es ist die Ergriffenheit des Staunens, mit der wir die Wand der Sixtina betrachten.

Hier in der Briziuskapelle waren wir auf andere Art ergriffen. Die Verdammten und Erlösten auf ihren Wänden waren Menschen wie wir, und ihre Physiognomien, ob verzerrt in Qual oder verzückt in Lust, waren uns vertraut aus Trastevere, aus der Campagna, aus der Stadt draußen vor dem Portal. Und ihre Körperlichkeit war die unsere, ihre Nacktheit machte sie zeitlos, gegenwärtig. Es waren unsere Füße, die fest auf der Erde standen oder über sie hinwegeilten, unsere Hände, die einander betasteten oder ineinander verschlungen waren, unsere Augen, die erstaunten, unsere Lippen, die sprachen, flüsterten, schrien. Die Körper waren in Bewegung. Die Bewegung, das Wimmeln der Menschenmengen scheint Signorelli vornehmlich beschäftigt zu haben, denn er artikuliert es unbekümmert auch mit Beinen oder Köpfen, zu denen wir keine Körper entdecken können. Und er verstärkt sie durch das Spiel der Muskeln und Sehnen. Je länger wir auf diese Menschen schauen, desto lebhafter scheinen sie sich zu bewegen, zu schreiten, zu laufen, zu stürzen und uns nahezukommen.

Wilhelm und seine Freundin fröstelten in der kühlen Kirche, in ihrer Verliebtheit stand ihnen der Sinn auch nicht nach Apokalypse. Sie gingen hinaus auf den sonnigen Platz und betrachteten die Majolikatöpfe, die Schüsseln und Teller in blumigen Farben, die dort feilgeboten wurden. Ich war allein mit dem Antichrist und den Teufeln.

Bei Michelangelo stürzen die Verdammten in »reiner Idealität« durch finsteres Gewölk zur Hölle. Hier bei Signorelli krümmen sie sich in irdischer Realität unter dem blauen Himmel, der auch unsere Fahrt durch Umbrien überstrahlt hatte. Und nicht nur die Körper in ihrer »höchst energischen Modellierung und Farbe« sind die unseren, auch die Teufel sind keine fratzenhaften Dämonen; sie wären von den Verdammten, die sie quälen, kaum zu unterscheiden, hätten sie nicht eine bläulich schimmernde Haut. Und wie sie quälen! Sie würgen, zerren und schlagen mit der Sachlichkeit von Untergebenen, die Befehle ausführen – und deren grausame Lust dabei erwacht. Einer trägt eine junge Frau auf seinem Rücken davon und wendet ihr sein Gesicht lüstern grinsend zu; ein anderer setzt seinen Fuß in roher Geilheit auf den Kopf einer Frau, die schreiend am Boden liegt. Schergen und Büttel, verdammter als die Verdammten.

Der Antichrist lauscht angestrengt den Einflüsterungen eines schönen kahlköpfigen Satans.

Opfergaben, Münzen und goldene Gefäße sind vor ihm niedergelegt, die Schar seiner Zuhörer achtet nicht auf die Verbrechen, die hinter ihrem Rücken von ihresgleichen an ihresgleichen verübt werden. Frauen und Männer in bürgerlicher Kleidung erdrosseln, erschlagen, erstechen einander. Eine Hure nimmt ihren Lohn entgegen, stämmige Männer blicken herausfordernd umher, Gefesselte werden enthauptet, Schwarzuniformierte stürmen einen Tempel. Bürger stehen in Gruppen beisammen und scheinen in dümmlicher Diskussion nach einer Rechtfertigung der Greuel zu suchen.

Und die Auferstehenden! Mit welcher Mühe, aber auch mit welcher Zuversicht stemmen sie sich aus der Erde – Überlebende aus Trümmern. Sie umschlingen sich, wie Gerettete fremde Gerettete in die Arme schließen, selig erschöpft nach überstandener Katastrophe. Aber die Gerippe der Nicht-Davongekommenen liegen zwischen ihnen. Einer, als ob er sein Glück noch nicht fassen könne, blickt stumpf auf ihre grinsenden Totenschädel.

Das war nicht Vision verheißener Apokalypse; was ich auf diesen Wänden sah, das war Erfahrung gegenwärtiger Wirklichkeit, einer Wirklichkeit, die ich noch nicht kannte, aber ahnte. Was einst zu christlicher Läuterung und Erbauung von Signorelli erdacht worden war, war für mich Ungläubigen an diesem Tage so gegenwärtig wie für die

Gläubigen, die es damals zum ersten Mal erblickten. Meine geweiteten Augen blinzelten in der Nachmittagssonne, als ich durch das Portal ins Freie trat.

Der Tag endete heiter. Ich schrieb an die Mutter: »Abends in einer alten Trattoria trafen wir mit italienischen Fliegern zusammen, die hier auf Genesungsurlaub waren, und haben mit ihnen einige Stunden getrunken. Ich kann mich an kein anderes so fröhliches und freundliches Trinkgelage erinnern. Diese italienischen Soldaten haben sich so anständig und lustig und gegenüber der einzigen Frau, Wilhelms Freundin, so liebenswürdig benommen, daß sich jeder Landser daran ein Beispiel nehmen kann. Sie waren fast alle aus der Triester Gegend und einige blond. Nur klein waren sie, wenn sie aufstanden. Sie wußten eine Unzahl von Witzen, und ich habe lange nicht so gelacht. Einen muß ich doch schnell erzählen: Vor einem Geschäft stehen die Leute Schlange. Da läßt in der Reihe einer – einen fahren. Er wird rot und schämt sich und geht weg. Da laufen ihm einige nach. Er schämt sich noch mehr und läuft und läuft. Die anderen kommen nicht mit und rufen ihm nach: Halt, halt, wo haben Sie die Bohnen her? – Zwischendurch wurde dann immer mal ein Glas auf unsere Väter oder unsere Mütter geleert. Das ist die Art, wie die Italiener mit dem Leben fertig werden (und sie haben es nicht leicht) und wie sie mit ihren Familien zusammenhängen. Wenn ich an die militärischen Gelage denke, die ich bisher mitgemacht habe, und an diesen Abend, dann ist der Unterschied stärker als Tag und Nacht. Aber es ist halt auch was anderes, wenn man Bier trinkt, und was anderes, wenn man Wein trinkt, zumal Orvietowein, von dem man am nächsten Tag mit einem wunderbar klaren Kopf und blanken Augen aufwacht.«

Bei Hans Eberhard hatte ich auch Aurel von Milosz kennengelernt. Der ehemalige Tänzer arbeitete jetzt an der Römischen Oper als Choreograph und Regisseur. Er schenkte mir eine Karte für die Premiere seiner Aufführung der Oper ›Wozzek‹. Als ich an der Garderobe zwischen den schmuckbehangenen Damen, Herren in Smoking und monokelblitzenden italienischen Offizieren meinen Mantel abgab, ahnte ich nicht, was mir bevorstand. Von moderner Musik hatte ich wenig Ahnung. Orffs ›Carmina Burana‹ hatte mich begeistert, als ich sie im Münchner Odeon vor nicht allzulanger Zeit gehört hatte. Alban Berg war mir nur ein Name.

Das Bühnenbild war in expressionistischem Stil, ähnlich dem ›Kabinett des Dr. Caligari‹. Um die Straße, auf der Wozzek dem Hauptmann und dem Doktor begegnet, standen die Häuser wie durch ein Prisma gesehen, teilweise mit den Dächern auf dem Kopf. In der Wachstube der Soldaten waren an die hohe Kasernenwand mit Kreide die Konturen üppiger Weiber gezeichnet, das Freie Feld und die enge Schenke glommen in düsteren Farben. Die Musik überfiel mich bis in die Eingeweide. Es wurde italienisch gesungen, dadurch klangen die Stimmen seltsamerweise noch schärfer, erschreckender. Aus der Szene im Wirtshausgarten, wo der Narr »Blut« ruft, spüre ich noch heute, wie mir das schrill geschriene *sangue* ins Herz schnitt.

Ich wußte nicht, wie mir geschah. Ich lief bis zum Morgengrauen durch die leeren dunklen Straßen, wie in einem Bann, einem Bann des Schreckens, einem Bann der Verzweiflung. Unterdrückte Angst war aufgebrochen. Ich hatte Gewalt erlebt, Terror. *Sangue* – und ich war im Smoking.

Tunis

Als am 7. November 1942 General Eisenhower mit amerikanischen und britischen Streitkräften bei Casablanca gelandet war und die Invasion Nordafrikas begann, befahl das überraschte deutsche Oberkommando eiligst, in Tunis einen Brückenkopf zu bilden, um den Rückzug der geschlagenen Rommel-Armee zu decken. Dazu hatte jede in Italien stationierte Einheit ein bestimmtes Kontingent an Soldaten abzustellen. In der kleinen Dienststelle des römischen Standortoffiziers war ich dran.

Hans Eberhard kam, um meine Bücher, den Fotoapparat, die Anzüge und Hemden, Regenschirm und Panamahut abzuholen und zu meinen Eltern nach München zu schaffen. Dann saß ich, nun wieder in Uniform, in Trapani auf Sizilien in einer kahlen Kaserne auf einem Feldbett und versuchte, mit meinem Karabiner zurechtzukommen, den ich lange nicht mehr in der Hand gehabt hatte.

Es regnete in Strömen, ohne Unterlaß. Das Rollfeld des kleinen Flughafens war aufgeweicht, die Transportmaschinen, die uns nach Tunis bringen sollten, konnten nicht starten. Das öde Provinznest hatte nicht einmal ein Kino. Wir saßen naß und klamm in den feuchten Kneipen und tranken den Trapaniwein – einen süßen, öligen Dessertwein – aus Wassergläsern. Er benebelte rasch und ließ uns die triste Gegenwart und die ungewisse, angstmachende Zukunft vergessen.

Plötzlich kam dennoch der Befehl zum Aufbruch. Durch schmatzenden Lehm stapften wir zu den Maschinen. Meine römische Dienststelle hatte mir eine Beurteilung mitgegeben, die mich als zuverlässigen Stabsschreiber auswies. Ich war zum Schreiber im Oberkommando von Tunis bestimmt und gleichzeitig zum Unteroffizier befördert worden. Ich hatte den Befehl, einige Pakete mit Generalstabskarten dorthin zu bringen und nicht aus den Augen zu lassen. Die Kameraden halfen mir, die schweren, unhandlichen Pakete in die Maschine zu wuchten, und zerrten mich als letzten hinein.

Der Mittelmeerraum wurde von der englischen Luftwaffe beherrscht. Unsere Maschine flog daher nur einige Meter über dem Meer, wir konnten durch die schmutzigen Fenster die Schaumkronen sehen. Sie schwankte, und bald schwamm auf dem Boden ausgekotzter Trapaniwein. In der roten Brühe schlängelten sich die weißen Würmer unverdauter Spaghetti. Es stank, wir waren bleich und stumm.

Die Maschine war kaum gelandet, die Motoren

liefen noch, da wurden wir buchstäblich hinausgeworfen, denn jede Minute, die sie länger auf dem Boden stand, erhöhte die Gefahr, beschossen zu werden. Wir hatten uns kaum aufgerafft und unsere Ausrüstung zusammengeklaubt, da hob sie schon wieder ab. Auf dem Rollfeld zischten Einschüsse. Ein Lastwagen kam und nahm alle auf – nur mich nicht. Ich sollte mit meinen Karten gesondert abgeholt werden.

An meinen Paketstapel gelehnt, saß ich auf trockenem Boden. Ein lauer Wind beugte das harte Gras, am Himmel knallten weiße Schußwolken feindlicher Jäger. Zwischen dem Flugplatz und der Stadt Tunis dehnt sich ein breites Sumpfgelände. In ihm standen Palmen, und zwischen ihnen lag das brennende Wrack eines Flugzeugs. Es mußte erst vor kurzem abgeschossen worden sein, denn noch immer explodierten Tanks, und die gelben und roten Flammen schossen hoch in einen dicken schwarzen Rauch, der langsam in den blauen Himmel kräuselte und sich verlor. Es war still und ruhig, nur die Flammen prasselten und züngelten. Vor ihnen standen unbewegt rosa Flamingos. Ich war in Afrika.

Die Kommandostelle des Generals, der mit einer kleinen Truppe vor Tagen abgesprungen war, war in einer Art-déco-Villa untergebracht, die auf einem Hügel in den Gärten des Europäerviertels lag. Da saß ich wieder vor meiner Schreibmaschine und hämmerte Einsatzbefehle – nachts, denn der Stab arbeitete nachts, nachdem am Abend die Meldungen von der Front eingegangen waren. Der Strom fiel oft aus, und bei Kerzenschein hatten die Geschäftigkeit am Kartentisch, das manchmal ruhige, manchmal erregte Telefonieren, die halblauten Befehle, das Kommen und Gehen der verstaubten Patrouillenfahrer etwas Abenteuerliches, Spielerisches.

Abenteuerlich und spielerisch war auch die Strategie der ersten Tage. Die wenigen Soldaten, die Tunis besetzt hatten, wurden immer wieder an andere Frontabschnitte geschickt, um dort Minen zu legen und Raketen abzufeuern und so die herannahenden Amerikaner, Engländer und Franzosen glauben zu machen, wir seien viel zahlreicher und die ganze Front sei besetzt. Der Bluff dauerte nicht lange, Nachschub kam, und die Front verhärtete sich – vorerst.

Mein Dienst während der Nacht und die Geheimhaltung, die mit ihm verbunden war, isolierte mich von meinen Kameraden. Von der Stadt sah ich nicht viel. Ich hatte Tag und Nacht Bereitschaft. Wenn ich mit übernächtigten Augen auf den Balkon unserer Villa trat, lag Tunis verlockend unter mir, weiße Häuserkuben, aus denen die spitzen Nadeln der Minarette aufstiegen, dazwischen Palmen und Gärten, darüber ein durchsichtig blauer Himmel; die Farben, die ich in Rom auf den Aquarellen von Klee und Macke bewundert hatte, hier flimmerten sie. Der Orient hatte seit langem meine Phantasie beschäftigt. Aus Flauberts ›Salambô‹, aus Thomas Manns Josephsroman, aus den Gemälden der französischen »Pompiers«, aus Delacroix' Skizzen von seiner Marokkoreise hatte ich eine traumhafte Vorstellung geheimnisvoller Paläste mit trägen Odalisken, hoheitsvollen braunen Männern, stillen Gärten voll Pfauen und Gazellen, dämmrigen Gassen, in denen Handwerker in Burnus und Turban hinter blinkenden Metallgeräten saßen, und verschwiegenen Badehäusern.

In den meist unvorhergesehenen freien Stunden schlenderte ich allein durch die nach Kümmel, schwarzen Zigaretten und Urin riechenden Souks, auf der Suche nach diesen Geheimnissen. Die deutschen Diplomaten, die unserem Überfall rasch gefolgt waren, hatten den unter der Vichyregierung stehenden Tunesiern weisgemacht, daß die Deutschen ihr Land von der französischen Herrschaft befreien würden. Ein deutscher Soldat war daher überall willkommen. Die Verkäufer lächelten einen mit ihren funkelnden Augen zutraulich an, und ihre schlanken, flinken Finger reichten die kleinen Glasbecher mit dem süßen, dicken Pfefferminztee.

Das lärmende, wimmelnde, moderne Tunis

wirkte so friedlich wie Rom. An der Fassade des von den Franzosen in einer kuriosen Mischung aus Belle Époque und maurischem Stil erbauten Vaudevilletheaters hing ein großes Plakat, das auf deutsch eine französische Chansonette ankündigte, mit blondem Bubikopf und Kulleraugen, die eine französische Version des Schlagers ›South of the border down Mexico way …‹ trällerte. Die Zeile *»près de Mexico«* war zu einem geflügelten Wort der Landser geworden. Die hatten sich auch bald mit den französischen Demoisellen und den italienischen Signorinas angefreundet und spazierten mit ihnen, die einschmeichelnde Melodie pfeifend, Arm in Arm durch die Straßen. Ein blonder Hüne hatte sogar, wie er sich, wenn auch nur heimlich, brüstete, mit einem Würdenträger am Hofe des Bey von Tunis geschlafen. Der Beischlaf-Bey, wie wir ihn nannten, ein eitler, dicklicher Satrap, hatte sich eiligst auf die deutsche Seite geschlagen. Und Ben Bourgiba, der Rebell, der für ein selbständiges Tunesien kämpfte und eben aus französischer Gefangenschaft entlassen worden war, trieb ein listiges Spiel mit den Italienern, die allerdings ihrerseits Tunis haben wollten.

Oft ging ich auch in die französische Buchhandlung an der breiten Palmenallee im Zentrum. »Librairie« stand in goldenen kursiven Lettern, schräg von unten nach oben, auf einer schwarzen Marmortafel links vom Eingang und rechts »La Rose de Sable«. Die junge Buchhändlerin, die entzückt war, daß ein deutscher Soldat sich für Bücher interessierte, plauderte gern mit mir, und wir lachten gemeinsam über mein drolliges Schulfranzösisch.

Eines Tages zog ich dabei einen kleinen Pappband aus dem Regal: André Gides ›Oedipe‹, mit einer Widmung an Bernhard Groethuysen, den in Paris lebenden deutschen Philosophen. Er war der Onkel eines Münchner Freundes. Ein anderer Freund, der in Bonn bei dem Romanisten Ernst Robert Curtius studierte, hatte mir vor einiger Zeit geschrieben, man habe gehört, Gide sei in Tunis, ich solle ihn doch aufsuchen und Grüße von Curtius bestellen. Wie hätte ich als deutscher Eindringling einen im Verborgenen lebenden Franzosen finden sollen? Ich hatte den absurden Gedanken verdrängt. Jetzt, durch diese überraschende Konstellation, kam er wieder hoch.

Ich erklärte der Buchhändlerin die Zusammenhänge. *»Mais oui, monsieur«*, sagte sie, *»Monsieur Gide vient presque tous les jours ici dans ma librairie.«* Und sichtlich begeistert von dem Gedanken, einen Kontakt herstellen zu können, schlug sie vor, ihm eine Nachricht zu übermitteln. Schon hatte sie Papier und Füllfederhalter zur Hand. Ich schrieb also an Gide, daß ich Grüße von Ernst

Robert Curtius auszurichten hätte, aber Soldat sei und nur in Uniform kommen könne, und daß ich es verstünde, wenn er mir deshalb nicht begegnen wolle. Wenige Tage später überreichte mir die Buchhändlerin freudestrahlend einen ähnlichen Zettel, auf dem in winziger, aber klarer Schrift stand: *»Sensible à votre attention, vous rencontrerais volontiers ici-même. Veuillez fixer le jour et l'heure.«*

Zum vereinbarten Zeitpunkt kam ich in die »Rose de Sable«, und die konspirativ lächelnde Buchhändlerin führte mich durch den Laden ins Antiquariat, einen langen Raum, dessen Wände bis obenhin mit Büchern bedeckt waren, auch auf dem Boden lagen Stapel. Am anderen Ende vor einem großen Fenster, durch das grün ein Garten schimmerte, saß lesend eine schattenhafte Gestalt: André Gide. Der Fußboden war – wie in Nordafrika üblich – mit Fliesen ausgelegt, auf denen meine harten Soldatenstiefel laut knallten. Ich erschrak. Plötzlich wurde mir bewußt, daß ich mit einer Pistole am Koppel in eine Welt der Bücher eingedrungen war und so einem Schriftsteller begegnen wollte, dessen individualistische, unabhängige, jeden Zwang und jede Gewalt bekämpfende Haltung mir in meiner Entwicklung so viel bedeutet hatte. Ich wäre am liebsten wieder weggelaufen. Aber Gide, den es offenbar gerührt hatte, eine martialische Gestalt in solcher stammelnden Verlegenheit vor sich zu sehen, legte mir die Hand auf die Schulter und drückte mich in einen Stuhl.

Wir unterhielten uns über eine Stunde lang, er auf französisch, ich meist auf deutsch, worum ich ihn gebeten hatte, da ich mich nicht fähig fühlte, meine Gedanken in meinem mangelhaften Französisch auszudrücken. Er verstand ja, wie ich wußte, ganz gut Deutsch. Er fragte mich nach meiner Lektüre und sagte dann, daß er im Augenblick nichts schreiben könne und darum Shakespeare übersetze. Er habe auch keine Verbindung mit seiner Familie, die sich auf seinem Gut in Cuverville in der Normandie aufhalte, und sei beunruhigt, weil sie keine Nachricht von ihm habe. Ich bot ihm an, einen Brief mit der Feldpost nach Paris an einen dort stationierten Freund zu schikken, der ihn dann in einen französischen Briefkasten werfen würde. Er schrieb einige Zeilen auf eine Karte und gab sie mir. Zum Abschied legte er wieder gütig seine Hand auf meine Schulter.

Diese Stunde stand in all den nachfolgenden Jahren immer wie ein leuchtender Orientierungspunkt in meinem Gedächtnis. Aber was für einen Eindruck hatte Gide von mir bekommen? 1946 erschien in Paris Gides ›Journal 1939–1942‹, und in ihm fand ich eine Eintragung über unsere Begegnung. Unter dem Datum des 16. März 1943 schreibt er: »Der liebenswürdige Fritz Arnold ist der erste (und einzige) Deutsche, mit dem ich in Tunesien gesprochen habe. Ich zögerte anfangs, mich mit ihm zu treffen, fand aber dann meine Zurückhaltung unsinnig. Vom Krieg war zwischen uns nicht die Rede. Er sagte mir einfach gleich zu Anfang, wie sehr die Uniform ihn störe. Es macht ihm Vergnügen, mir seine große Bewunderung für Thomas Manns ›Lotte in Weimar‹ zu erklären; dann holt er aus der Innentasche seiner Bluse eine kleine Ausgabe des ›Westöstlichen Divans‹ von Goethe – in der Größe eines Feuerzeuges – hervor, der, sagt er, ihm schon über manches hinweggeholfen habe. Er spricht auch begeistert von Jünger. Der Krieg wird es nicht fertigbringen, daß ich solche Vertreter Deutschlands als Feinde betrachte; aber er weiß und fühlt selbst, daß er eine Ausnahme ist, und macht sich darauf gefaßt, von einer Welt zermalmt zu werden, in der er keine Existenzberechtigung findet.«

Wie genau hatte Gide mich erkannt. Ich hatte mich damals einsam und allein gefühlt, ohne einen Gefährten, ohne einen Glauben, ohne eine Partei, die mich hätten halten oder führen können. Meine einzige Orientierung kam aus der Literatur. Ein aus Stefan George angelesener Stolz hielt mich aufrecht, und bei Ernst Jünger hatte ich die Figur des »verlorenen Postens« gefunden und mir dazu notiert: »Pessimismus ist im gleichen Maße Feigheit, wie dies Spengler vom Optimismus behauptet. Der einzig mutige Standpunkt ist der, den Ernst Jünger im ›Verlorenen Posten‹ beschrieben hat: zu stehen, ohne Hoffnung, aber auch ohne Verzweiflung, seine Pflicht zu tun, das heißt seiner inneren Bestimmung zu gehorchen in dem Vertrauen, daß es nichts Sinnloses gibt, selbst wenn Untergang der Sinn sein sollte oder wir den Sinn nicht erkennen. Ich halte daher schon seit geraumer Zeit Ausschau nach solchen, die auf verlorenem Posten zu stehen vermögen, und muß feststellen, daß es nur wenige, vielleicht keine gibt. Bewußte Erfolglosigkeit, und das ist das Kriterium jeder Handlung auf verlorenem Posten, erträgt kaum einer; eine Hoffnung, selbst wenn es eine hoffnungslose, eine zynische, eine negative ist, braucht jeder. Ich bin darauf gefaßt, ebenso verwerfliche wie erschütternde Bilder menschlicher Verzweiflung und Enttäuschung zu sehen.«

André Gides Brief war angekommen. Maria van Rysselberghe, die Petite Dame, seine vertraute Freundin, vermerkt in ihrem Tagebuch am 3. April 1943: »Große Aufregung. Elisabeth (Gides Tochter) erhält einen Briefumschlag mit der Schrift Gides. Er enthält eine Karte mit seinen Grüßen ... Seiner Karte ist der Brief eines Deutschen beigefügt, dessen Freund als Kriegsberichterstatter in der Rommel-Armee ist und der Gide in einer Buchhandlung in Tunis getroffen hatte; der Deutsche gibt außerdem seine Adresse an und erbietet sich, Gide eine kurze Nachricht zu übermitteln.« Ich war allerdings weder Kriegsberichterstatter noch gehörte ich zur Rommel-Armee.

Einmal schlenderte ich durch die dämmerigen Souks und stand plötzlich vor einem Hamam, dem türkischen Dampfbad. Nach einigem Zögern, unsicher, ob es mir meine traumhaften Vorstellungen erfüllen oder zerstören würde, ging ich hinein. Nachdem ich bei einem mürrischen Alten meinen Eintritt bezahlt hatte, begrüßte mich ein junger stämmiger Badewärter. Sein runder Kopf war geschoren, seine runden dunklen Augen wirkten dadurch noch größer. Er verbeugte sich artig, sagte, er heiße Brahim, und führte mich lächelnd zu dem Raum, in dem ich meine Kleider ablegen sollte. Ich hatte einige Bedenken, sie dort zusammen mit meiner Pistole allein zu lassen. Aber nun gab es kein Zurück mehr.

Er reichte mir ein buntes rauhes Tuch, um es um die Hüften zu schlingen, und geleitete mich durch den silbrigen Dunst in den hohen Gewölben zu den lauen, warmen, heißen und kalten Becken. Aus ihnen ragten stumme Köpfe älterer und jüngerer Männer, deren weiße Augäpfel sich neugierig nach uns drehten. Folgsam tauchte ich in die Bekken und verharrte dort nach Brahims Weisungen. Schließlich kamen wir in einen hohen Raum mit marmornen Tischen. Er legte mich auf einen und begann mich einzuseifen und mit einem rauhen Wurzelschwamm abzureiben. Zum Beweis seines Erfolges legte er mir die grauen Würmer meiner abgeriebenen Haut auf die Schenkel. Dann begann er mich zu massieren. Die arabische Massage ist ein aufgrund langer Erfahrung ausgeklügeltes System von Dehnungen und Drückungen, die den Körper lockern und den Kreislauf anregen. Er zog an meinen Fingern, bis es knackte, zerrte meine Arme über den Rücken, bog mir die Knie auf die Brust und drückte mit seinen Knien in die Nierengegend, Bald sah ich seine lachenden weißen Zähne über mir, bald preßten seine muskulösen Schenkel meinen Brustkorb, bald drehte er meine Füße in den Gelenken. Ich hatte das Gefühl, er wolle mich in Stücke zerlegen. Es war ein Ringkampf. Aber nach einiger Zeit ging er in eine Umarmung über und schließlich in einen sanften Orgasmus. Ich war nicht zerlegt, ich war neugeboren. Hoch oben in dem Gewölbe sah ich ein rundes Loch, durch das der Dampf ins Freie stieg.

Die Dienststelle wurde aus Tunis verlegt, hinaus auf einen der großen Gutshöfe, die sich die französischen Siedler überall im Land gebaut hatten. Mir war ein kleines Zimmer mit weißgestrichenen Wandschränken angewiesen, offenbar ein Ankleidekabinett. Eine Glastür führte zu einem Garten, in dem seltsame exotische Hühner mit wichtigtuerischem Kopfnicken herumstolzierten. Eines Tages, als ich gerade nichts zu schreiben hatte, öffnete ich neugierig aus Langeweile einen der Schränke. Allerhand ungeordnete Gegenstände stürzten mir entgegen: Briefe, einzeln und gebündelt und sorgfältig verschnürt, silberne Rähmchen mit Fotos, Bleistifte, Briefpapier, ein Seidenschal, Taschentücher, weiße Damenhandschuhe, eine Porzellanvase, die klirrend auf dem Boden zerbrach.

Das alles war offenbar bei einem hastigen Aufbruch weggestopft worden. Vor einer Flucht? Vor einer Verhaftung? Ein fremdes Leben sah mich an. Ich war in seine Intimität eingedrungen, seine Trümmer lagen vor mir auf dem Boden. Aus den Fotos blickten Kinderaugen, eine schöne Frau mit vollem schwarzem Haar und ein würdiger Herr mit elegantem Spitzbart in weißem Anzug starrten auf mich. Ich weinte. Hier schrieb ich Listen mit Gefallenenzahlen, Materialanforderungen, Einsatzkommandos, Ordensverleihungen, strategische Planungen und Beurteilungen der Feindlage, korrekt und, wenn auch oft nachdenklich, so doch ohne Gedanken, was es bedeutete, wenn wir Häuser, Fahrzeuge oder sonstwas requirierten oder fröhlich den Wein tranken, den jemand in irgendeinem Keller »gefunden« hatte. Ich war mit kleinlichen Sorgen beschäftigt, um ein Buch, Zigaretten, frische Wäsche. Erst gestern hatte ich mich geärgert, bloß weil meine Sonnenbrille zerbrochen war. Ich fühlte mich schäbig und hilflos. Ich haßte doch den Krieg, aber hier an diesem sonnigen Tag spürte ich wie nie zuvor, was das war – Krieg. War ich abgestumpft von den Wehrmachtsberichten mit ihren Schreckenszahlen von Tobruk und Stalingrad, von den Wochenschaubildern rollender Panzer, aus denen unrasierte Soldaten zu aufgedonnerten Préludes von Liszt herausschauten? Mit zitternden Händen versuchte ich die Zeugnisse auch meiner Barbarei wieder in dem Schrank zu verbergen.

Eines Tages meldete die Ordonnanz, am Tor sei ein junger Araber, der mich sprechen wolle und sich nicht abweisen lasse. Da stand Brahim und reckte mir strahlend ein Körbchen mit Eiern entgegen. Wie hatte er mich nur hier draußen gefunden? Man hatte also doch im Hamam meine Klamotten durchsucht und meinen Namen und meine Einheit entdeckt. Er lud mich ein zu seiner Familie, das heißt zu Vater, Brüdern, Onkeln, denn von den Frauen war nichts zu sehen, als wir in dem weißen, sauberen Raum auf Matten um die duftende Pyramide Kuskus saßen, die mit farbigen Gemüsen und grauen gekochten Fleischstücken belegt war. Man reichte mir einen Blechlöffel, denn wie sehr ich es auch versuchte, es gelang meinen plumpen Fingern nicht, ihre behenden

Finger nachzuahmen und aus der warmen Hirse mundgerechte Kügelchen zu formen. Dazu gab es eine aromatische Mischung aus Karotten- und Orangensaft zu trinken. Anschließend kamen süßer Kaffee und schwarze Zigaretten.

Alle schauten mich bewundernd an und überboten sich im Lob auf Adolf Hitler und die Deutschen, die sie von der Ausbeutung durch die Franzosen befreien würden. Die muselmanische Höflichkeit erlaubte mir nicht zu widersprechen. Brahim war sichtlich stolz auf den Gast, den er ins Haus gebracht hatte. Ein von der Wehrmacht herausgegebencr Ratgeber über den Umgang mit Arabern riet uns, einen persönlichen Gegenstand als Gastgeschenk zu hinterlassen, das größte Geschenk sei für einen Muselmanen das eigene Bildnis. Ich gab mein Taschenmesser. Zum Abschied küßten mich alle mit ihren weichen, tabakduftenden Lippen.

Ich hatte Befehle an das Regiment Brandenburg in Hammamet zu überbringen, eine Einheit, die nur aus Freiwilligen bestand. Sie hatten sich zu Kommandos hinter den feindlichen Linien gemeldet, riskante Unternehmungen wie Brückensprengen und andere Sabotageakte, die teilweise in ziviler Verkleidung durchgeführt werden mußten. Wurden sie geschnappt, dann drohte ihnen, als Partisanen erschossen zu werden. Das war Kriegsrecht, und das wußten sie. Wie oft hatte ich hinter einen Namen auf den Einsatzlisten »gefallen« und ein Datum setzen müssen.

In einer großen Villa dieses vornehmen Badeortes am Golf sprangen sie in Turnhosen herum und hatten kumpelhafte Umgangsformen. Sie sahen nicht nach einer militärischen Einheit aus, eher wie ein Sportverein. Heute kennen wir solche Burschen als Extremkletterer, Drachenflieger oder Biathlonathleten. Für ihr hartes Training wurden sie mit viel Freizeit und allerhand Sondervergünstigungen belohnt. Auch Bordellbesuche gehörten dazu. Im Zivilberuf waren sie Handwerker, Angestellte, Bauern und Studenten. Alle möglichen Dialekte schwirrten durcheinander.

Mit einem freundete ich mich an. Er war Friseur und aus Berlin. Eine echte Berliner Pflanze, richtig schnieke, obwohl er mit seinen tiefschwarzen Haaren und braunen Augen eher wie ein Italiener aussah. Er hatte eine helle freche Stimme, war pfiffig, wißbegierig und schien mit jeder Situation durch eine kesse Bemerkung fertigzuwerden. Er fragte, hörte zu und hatte eine Meinung. Endlich einer, mit dem man reden konnte. Und er war fröhlich. Mit niemandem habe ich so viel und so herzlich gelacht. Zu meiner Beruhigung fand ich ihn auf keiner Einsatzliste – nicht mehr, denn es ging dem Ende zu.

Wir erhielten keinen Nachschub mehr, keine Munition, keine Verpflegung. Die energischen Telegramme an das Hauptquartier wurden hinhaltend beantwortet. Es war klar, wir waren abgeschrieben, Tunis war aufgegeben. Die Front rückte näher. Wir verließen den Gutshof.

Als ich meine Sachen packte, war plötzlich Brahim da. Sein Vater, seine Brüder, die ganze Familie hätten beschlossen – *décidé,* wie er energisch sagte –, mich zu verstecken. Ich bekäme Zivilkleider und alles, was ich wolle, es solle mir gut gehen, sie hätten alles vorbereitet. Ich mußte ihm erklären, daß das unmöglich sei. Die neuen Besatzer würden jeden Einheimischen, der einen deutschen oder italienischen Soldaten verstecke, sofort an die Wand stellen. Sein nußbraunes Gesicht wurde grün, starr, und stumm stand er da. Dann zog er plötzlich seinen Ausweis hervor, riß das Foto ab, drückte es mir in die Hand und lief weg. Ich habe es noch. Durch alle Filzungen, die mir bevorstanden, habe ich es, in meinem Schuh versteckt, gerettet.

Der Stab zog, als die Front ins Wanken geraten war, nach Westen in die Bunker, die die Franzosen bei Bizerta zur Verteidigung des Hafens gebaut hatten. Dort saßen wir tagelang und warteten auf das Ende. Wie würde das aussehen? Wer würde uns gefangennehmen? Die Franzosen, das war allen klar, die wären schlimm. Wir waren in ihr Land eingedrungen. Die Engländer galten als korrekt, aber hart, das hatte man aus Libyen gehört. Von den Amerikanern erhofften wir uns gute Verpflegung. Wir wußten, welchen Nachschub sie hatten, und hatten uns immer gewundert, wie sie sich mit ihrem riesigen Troß überhaupt noch bewegen konnten.

Der Tag war diesig. Es war früher Nachmittag. Wir saßen auf dem Hügel, der sich auf der Rückseite der Bunker hinab in ein ödes Tal erstreckte. Wir waren stumm, jeder war mit seinen eigenen Gedanken beschäftigt. Wir hatten frische Wäsche angezogen und eingesteckt, was wir für notwendig hielten oder nicht verlieren wollten: Zigaretten, Rasierapparat, Sonnenbrille, Soldbuch, Fotos von Eltern, Geschwistern, Kindern, Bräuten. Hinter uns stieg steil und langsam Rauch in die Höhe. Akten wurden verbrannt. Die Offiziere liefen nervös herum, einige hatten Handtücher als Schal um den Hals geschlungen. Man konnte ja nicht wissen, vielleicht brauchte man eine weiße Fahne.

Das Warten zerrte an unseren Nerven. Was, wenn sie jetzt nicht kämen? Wir hatten nichts mehr zu essen, und auch die Zigaretten wurden weniger. Was für eine Nacht stand uns bevor? Da rumpelte plötzlich ein Jeep den Hang herauf. Ein Amerikaner stieg aus. Aus unzähligen Filmen kennen wir heute die amerikanische Uniform bis in jedes Detail. Damals sahen wir sie zum ersten Mal und hielten sie für recht unmilitärisch. Und ganz unmilitärisch stapfte auch die gedrungene Gestalt im Tarnanzug, kauend, eine Maschinenpistole unterm Arm, zu uns herauf.

Ein Leutnant trat ihr entgegen, salutierte und schnarrte ihr dann in einem offenbar sorgfältig vorbereiteten Englisch ins Gesicht, daß dies das Quartier des kommandierenden Generals sei und daß ein General sich nur von einem Offizier gefangennehmen lasse. Ob mehr überrascht von dem unvertrauten Oxfordenglisch oder von der im Kommandoton vorgetragenen Auskunft, spuckte er seinen Kaugummi aus, murmelte irgend etwas, stieg in seinen Jeep und rollte den Hang hinab.

Wir sahen uns unsicher an. Wieder warten. Wir zogen an unseren Zigaretten, bis der Stummel uns die Fingerspitzen verbrannte. Dann kam tatsächlich eine Wagenkolonne, in der offenbar Offiziere saßen. Einer stieg aus, unser Leutnant trat vor, man verneigte sich, grüßte militärisch und wechselte einige Worte. Dann schritt das Offizierskorps aufrecht, in tadellosen Uniformen – ein weißes Handtuch war nicht mehr zu sehen –, in der Mitte General von Arnim, der noch einmal zu uns winkte – wir standen auf –, den Hügel hinab und stieg in die Fahrzeuge.

Mit uns Mannschaften verfuhr man nicht so

korrekt. Von einigen Soldaten mit Maschinenpistolen im Anschlag wurden wir mit uns unverständlichen Beschimpfungen den Hügel hinuntergetrieben. Ich versuchte, von meinem Haufen wegzukommen. Ich befürchtete, verhört zu werden, wenn man herausfand, daß ich zum Stab gehört hatte. Einiges wußte ich ja, und wie einem das herausgepreßt wurde, hatte man mir von unseren Verhören erzählt.

Es gelang mir, mich zu einem Haufen abgekämpfter Kameraden zu schlagen, der von einem riesigen betrunkenen Amerikaner angetrieben wurde. Wohl um uns zu imponieren, jagte er aus seiner Maschinenpistole Salven in die dichten Agavenbüsche. Die fetten Strünke schnellten in die Luft, der weiße Saft spritzte. Er torkelte, und zuweilen kamen wir in sein Schußfeld. Wir liefen hinter seinen Rücken, und wie ein dreckiger Pfauenschweif wedelten wir je nach seinen Bewegungen hinter ihm hin und her. Nach einiger Zeit schien er seinen Gurt leergeschossen zu haben. Er wurde ruhiger, fluchte, kaute und trieb uns auf einer staubigen Straße irgendwohin.

Lastwagen mit anderen Gefangenen überholten uns. Das fand er nicht gut. Warum sollten wir laufen und die anderen durften fahren? Er setzte sich mit uns in den Straßengraben. Ein fast leerer Lkw kam, er hielt ihn an, ließ uns aufsitzen und schloß krachend die Lade. In der Staubwolke hinter uns sahen wir noch, wie er in den Straßengraben sackte.

Vorne, mit dem Rücken zur Fahrerkabine, saß kauend ein junger Amerikaner in blitzsauberer Uniform und hielt den über seine Knie gelegten, tadellos gereinigten Karabiner mit beiden Händen fest. Seine braunen Augen blickten halb ängstlich, halb verwundert auf die Nazis, die da stumm und erschöpft vor ihm hockten. Er hatte sich diese Bestien wohl anders vorgestellt.

Es dämmerte, und die Nacht kam. In steilen Kurven ratterten wir in steiniges Gebirge hoch. Es wurde kühl, der Mond zog auf. In Afrika scheint der Mond hell und hart wie Gaslicht. Scharf standen die Felsen gegen den dunklen Horizont. Wir sahen bleich aus. Die Spannung löste sich, wir dösten vor uns hin. Einige schnarchten. Erst zögernd, dann mit werbendem Lächeln, bot uns der uniformierte Collegeboy Schokolade und Zigaretten an – Hershey und Camel. Immer höher stiegen wir den Atlas empor in die kalte afrikanische Nacht.

Das Kriegsgefangenenlager war ein riesiges, stacheldrahtumzäuntes sandiges Stück algerischer Wüste. In flimmernder Sonne lag es da. In einer Ecke unter niedrigen Zelten dösten wir, einige hundert Kriegsgefangene. Ich hatte Fieber und Schüttelfrost, fühlte mich schwach wie noch nie.

Mein Kinderbett ist ins Elternschlafzimmer geschoben. Ich habe Fieber und bin rotgesprenkelt, ich habe die Masern. Vater, Mutter und Tante schauen mich liebevoll an. Der »Herr Hofrat« kommt, unser vornehmer Kinderarzt, und spricht freundlich zu mir. Ich fühle mich wichtig, Fieber ist schön. Aus leeren Zündholzschachteln klebe ich kleine Kommoden zusammen und überziehe sie mit farbigem Papier. Mein kleiner Bruder bewundert sie, darf sie aber nicht haben, weil sie, wie die Mutter sagt, ansteckend sind. Eines Tages ruft er fröhlich aus dem Kinderzimmer: »Fritzi, jetzt darfst du mir ein Schränkchen machen, ich habe auch die Masern.«

Hier rief keiner nach mir. Ich war allein und grübelte vor mich hin und versuchte dennoch, nicht an die Zukunft zu denken, die mir düsterer und hoffnungsloser denn je schien. Andere trachteten ihrer Verzweiflung durch Bewegung zu entkommen. Sie hatten aus Stoffetzen eine Kugel geschnürt, die als Fußball diente. Über das öde Lagerfeld wogte eine rote Sandwolke hin und her, aus der anfeuernde Rufe drangen und manchmal der dunkle Ballen in die Höhe schnellte. War das Spiel zu Ende und die Wolke verweht, stand da ein Haufen roter Männer, schwarz gestreift von den dunklen Bahnen herabrinnenden Schweißes. Die weißen rollenden Augäpfel und die hellen Zungen in den atemlos geöffneten Mündern ließen sie wie eine Horde Wilder erscheinen.

Alle waren wir durstig und hungrig, und was uns am meisten fehlte, waren Zigaretten. Ein heimlicher Handel mit den Bewachungssoldaten hatte sich entwickelt, Souvenirs gegen Zigaretten. Schulterstücke, Koppelschlösser, alle Arten von Uniformteilen und Abzeichen wurden verhökert. Eines Tages beobachtete ich am Zaun einen Feldwebel, der einem Amerikaner seinen »Milzorden« anbot – wie wir das große, goldgeränderte Hakenkreuz, das links über dem Koppel zu tragen war, nannten. Ich glaubte mich zu erinnern, daß ich die Verleihungsurkunde erst vor wenigen Wochen ausgefüllt hatte. Er hatte den Orden für einen besonders wagemutigen Panzereinsatz erhalten, einem der letzten in diesem verlorenen Feldzug.

Ich lief auf ihn zu und schrie: »Du dreckiges Schwein, erst tust du dich dick mit deinem Orden, und dann verscherbelst du ihn für ein paar Zigaretten. Hast du denn gar kein ...« Meine Stimme überschlug sich, mir blieb die Luft weg, ich sprang ihn an und schlug ihm links und rechts ins Gesicht. Er schaute mich an und ging. Der Amerikaner schüttelte verwundert den Kopf und steckte die Camelpackung wieder ein. Ich zitterte am ganzen Leib und konnte mich kaum noch aufrecht halten.

Was hatte ich sagen wollen? »Hast du keine Ehre im Leib?« War es mir wirklich um den Orden gegangen? Hatte mir ein Orden überhaupt etwas bedeutet? Und warum sollte dies Stück Metall und Emaille jetzt nicht als Münze dienen? Wie war ich dazu gekommen? War es die Sonne, das Fieber, die Verzweiflung? Oder hatte sich etwas gezeigt, was tiefer saß, was nichts mit Krieg und Soldatentum zu tun hatte? Zu Hause hatte ich oft gehört: »Das tut man nicht«; das betraf: mit ungewaschenen Händen zu Tisch kommen, mit vollem Mund reden, Geld pumpen, lügen und ähnliches. Aber mit der Zeit hatten diese Alltagsgebote – ohne daß es mir bewußt war – auch mein moralisches Verhalten bestimmt. Ja und dann der »verlorene Posten«! »Jede unserer Handlungen birgt in sich einen uns unbekannten Kern«, heißt es bei Ernst Jünger. »Gegenüber der Vernichtung treten diese Züge auf das sichtbarste hervor. Der Mensch handelt dann nicht mehr, wie es seiner Erhaltung, sondern wie es seiner Bedeutung entspricht.«

Da war er wieder, der Berliner Kumpel aus Hammamet. Er war noch brauner gebrannt und hatte sich einen dichten schwarzen Knebelbart stehenlassen. Jetzt sah er aus wie ein Araber. »Mensch, Fritze!« schrie er und rannte auf mich zu. Wir umarmten uns so heftig, daß wir fast stürzten – und küßten uns. Verblüfft sahen wir uns an, das hatten wir noch nie getan – »Mensch, Fritze!« Dann lachten wir und schüttelten uns, daß wir umfielen. Umschlungen wälzten wir uns am Boden. Er war auch hier Herr der Situation, brachte mir Wasser und trieb sogar Chinintabletten auf. Seine bloße Gegenwart, sein selbstverständlicher Lebenswille, sein kesser Humor richteten mich wieder auf. Sogar das Fieber war weg.

Aber wir wurden getrennt, als wir nach irgendeinem undurchschaubaren Plan – oder auch nach gar keinem – in Gruppen eingeteilt und zu einem Bahnhof getrieben wurden. Dort hockten wir stundenlang um das Kriegerdenkmal herum, das offenbar auch in Afrika zu jeder französischen Garnisonstadt gehört. Ein Fremdenlegionär mit seinem legendären Käppi stürmte fahneschwingend himmelwärts, aus weißem Stein, der wie Gips aussah.

Nach Stunden lähmenden Wartens in der Sonne wurden wir in Viehwagen verfrachtet. Apathisch stolperten wir hinein, und jeder versuchte einen Platz an der Wand zu bekommen, um sich hinhocken und anlehnen zu können. Aber wir waren zu viele, die Hälfte mußte stehen. Einige Kisten Verpflegung wurden hinterhergeschoben, dann krachten die Schiebetüren und klirrten die Riegel. Die Räder knirschten, der Zug fuhr an. Wohin?

Mitten im Wagen auf dem Stapel der Lebensmittelkisten saß ein stämmiger Kerl, rothaarig mit wasserhellen Augen und leicht auseinanderstehenden Zähnen. Es war heiß, er hatte sein Hemd ausgezogen, auch Brust und Arme waren von rotem Flaum bedeckt. Wenn ein Sonnenstrahl durch die Ritzen der Holzwände blitzte, glühte er rot wie eine Flamme. Blaue Tätowierungen wurden sichtbar. Er war schiere Kraft, und die Kraft verlieh ihm Autorität. In breitem Platt gab er Befehle. Er ließ uns reihum an die hohen Luken in den Ekken des Waggons treten, um Luft zu schnappen. Ein schmächtiger Kamerad quälte sich mit seinem Magen, er hatte Durchfall. Der Rothaarige brachte es fertig, mit seinen dicken kurzen Fingern eine Planke aus dem Boden zu reißen, dann hielt er den Kranken wie eine Mutter ihr Kind, über die Ritze. Die Scheiße spritzte auf den zurückfliehenden Schotter des Bahndamms. Der Rothaarige grinste sein Baby befriedigt an und legte es sanft wieder hin. Nachdem wir alle auch noch durch den Spalt gepißt hatten, fügte er die Planke wieder ein.

Dann brach er die Kisten auf. Sie enthielten amerikanische Armeekonserven. Er reichte die Dosen herum und verfolgte ihr Wandern von Hand zu Hand mit scharfem Blick. Keiner traute sich, mehr als eine Portion herauszunehmen. Vor allem die saftigen watteweichen kalifornischen Pfirsiche waren begehrt – wir hatten Durst; aber wenn einer mit seinem schmutzigen Finger mehr als einen herauszufischen versuchte, knurrte er drohend, und alle gehorchten. Er war nicht nur stark, er war auch gerecht.

Er schaute mich an, ich schaute ihn an, und wir unterhielten uns. Er war Gußputzer auf einer Werft in Kiel. Wenn er keine Lust hatte, zur Arbeit zu gehen, wenn er gesoffen hatte oder im Hafen Schmuggelgeschäfte betrieb, kam er nicht zur Arbeit. Wenn ihn ein Vorgesetzter ärgerte, ließ er sein schweres Fräsgerät so haarscharf vor ihm herunterfallen, daß es gerade noch einen Zeh streifte. Das erzählte er mir mit listigem Grinsen. Aber das war Sabotage in einem Rüstungsbetrieb, und immer wieder wurde er eingesperrt. Das konnte ihm nichts anhaben. Er kam aus dem Knast so fröhlich wieder heraus, wie er hineingegangen war. Aus seinen Augenwinkeln warf er mir einen prüfenden Blick zu. Er kontrollierte, wie ich das aufnahm. Er war ein geborener Anarchist, ein Gesetzloser, ein Underdog, und das Leben gefiel ihm so, wie es ihm gegeben war. Er genoß sein Außenseitertum, er war stolz darauf. Aber er hatte eine natürliche Moral, er war gerecht, hilfsbereit und gutmütig – solange man ihn nicht reizte.

Ich hatte sofort Zuneigung zu ihm empfunden – und er auch zu mir. Ich war das Bürgersöhnchen, der »Studierte«, hilflos und ungeschickt in einer Situation, in der er zuhause war. Darüber hinaus war ich ein Unteroffizier, aber einer, der ihm jetzt nichts mehr befehlen konnte und anderen Hierarchien zu gehorchen hatte, in denen er nicht mehr oben stand. Ich war schwach, und er war stark. Er behütete mich.

Ich wachte auf, es war dunkel, es war kalt, es stank nach Schweiß und Urin, und mein rechtes Bein war eingeschlafen. Ein schwerer Bursche lag auf ihm. Ich zog es unter ihm weg, er sackte auf die Planken. Durch die Luken fiel hartes Mondlicht auf die schnarchenden Gestalten. Aus dem rhythmischen Hämmern der Räder auf den Schienen und dem immer wieder aufsteigenden Stöhnen der Träumenden drang ein halblautes Gespräch zu mir. In gemütlichem Sächsisch hörte ich »da hat sich meine Schwester den Bauch aufgeschnittn un Salzsäure reingeschütt«. Stück für Stück erfuhr ich aus dem immer wieder stockenden Gespräch die Geschichte eines fremden Lebens.

Der junge blonde Bursche, der den ganzen Tag still dagehockt hatte, war, wie ich jetzt hörte, aus Leipzig und Student am Polytechnikum. Er stammte aus einer kommunistischen Arbeiterfamilie, mit seiner Schwester hatte er im Untergrund gearbeitet, man hatte sie aufgespürt, die Schwester hatte sich auf diese gräßliche Weise umgebracht, er war zu Zwangsarbeit verurteilt und dann in ein Strafbataillon gesteckt worden. Plötzlich ging mir ein Licht auf. Der bestrafte

Gußputzer, der bestrafte Student! Und die anderen! Sie hatten einen gemeinsamen Ton miteinander, der mir jetzt bewußt wurde, ich hatte ihn in meiner Apathie nicht beachtet. Ich war unter der Mannschaft eines Bewährungsbataillons.

Bewährungsbataillone, das wußte jeder, waren Einheiten, die aus Straftätern zusammengestellt wurden, politischen und kriminellen, denen die bürgerlichen Ehrenrechte aberkannt worden waren, die aber, wenn sie sich durch Tapferkeit an der Front bewährt hatten, ihre »Wehrwürdigkeit« wiederbekommen konnten. Sie wurden an besonders gefährdeten Frontabschnitten eingesetzt, sie waren Kanonenfutter. Das Leben oder die Freiheit, die sie sich von einem Feind, der nicht der ihre war, erhofften, bedeutete ihnen mehr als jede Würde in einer Gesellschaft, die sie zu Parias gemacht hatte. Sie liefen, wann immer sie konnten, über.

Mir war nicht geheuer. Ich war, wie ich feststellte, als es wieder hell wurde, der einzige Unteroffizier im Wagen, in ihren Augen ein verhaßter Unterdrücker. Aber nichts geschah. Jeder war in seinen Durst, in seinen Hunger, in seinen Gestank eingeschlossen. Und der Gußputzer herrschte.

Plötzlich blieb der Zug mit knirschendem Ruck stehen. Die Türen krachten auf, wir sahen einen Hafen, salzige Luft wehte uns entgegen. Nach und nach sprangen wir hinunter auf den Pier und trabten auf ein Schiff zu. Der Gußputzer achtete darauf, daß ich in seiner Nähe blieb.

Es war ein amerikanisches Liberty-Schiff, eines der rasch zusammengeschweißten Transportschiffe, die nur dazu bestimmt waren, in einmaliger Fahrt Truppen und Kriegsmaterial von Amerika nach Europa zu schaffen, und die meist leer wieder zurückfuhren, um verschrottet zu werden. Das Vorderdeck war mit Stacheldraht vom übrigen Schiff für uns Kriegsgefangene abgetrennt. Der Gußputzer kannte sich aus. Er wußte, wo unter Deck der beste Schlafplatz war: zwischen einem Bullauge und der Leiter nach oben. Da lagen wir nun, nicht mehr auf rumpelnden, sondern auf schwankenden Planken.

Am Abend fuhr das Schiff langsam aus dem Hafen. Wir standen alle an der Reling, wieder einmal stumm und in uns gekehrt. Im rosa Abendlicht flimmerten der Hafen von Oran und die dahinterliegende Stadt, sie wurden immer dunstiger und verschwanden schließlich in der Nacht. Afrika lag hinter mir.

Amerika

Das Schiff zog in einem Geleitzug auf südlicher Route nach Westen. Wir konnten ringsum am Horizont die Silhouetten der anderen Schiffe erkennen. Ereignislos kamen und gingen die Tage. In der auf dem Wasser glitzernden oder vom Dunst verhangenen Sonne, unter den in der warmen Nacht blinkenden Sternen, in dem sanften Auf und Ab des Schiffes, beim eintönigen Zischen der Bugwellen entschwanden Raum und Zeit. Und der Anblick gleichmäßig, aber nie gleichförmig rollenden, kräuselnden, überschwappenden, wirbelnden und schäumenden Wassers lullte ein und regte gleichzeitig die Phantasie an. Die Arme aufgestützt, hingen wir träge über der Reling und führten murmelnde Gespräche, die keinen Anfang, kein Ende, kein Thema hatten, und vergaßen schließlich den Gesprächspartner.

Wenn die Phantasie kein Ziel mehr in der Zukunft hat, wendet sie sich in die Vergangenheit. Allmählich begannen sich unsere Vorstellungen zu verwandeln. Wer Kassierer war, sah sich als Filialleiter der Bank, wer einen Bauernhof hatte, fühlte sich als Gutsbesitzer, ein Lehrer war ein Professor, ein Krankenpfleger ein Arzt. Anfangs mag es Angeberei oder Wunschdenken gewesen sein, mit der Zeit aber glaubte jeder an sein eigenes Phantombild. Und das tröstete uns in dieser ungewohnten Passivität, Ermattung, Erschlaffung.

Die meisten ließen sich gehen; aßen, wann sie Lust hatten, schliefen, wo sie gerade saßen oder lagen, schnorrten sich gegenseitig Zigaretten ab, weil sie zu faul waren, ihre eigenen zu holen, oder stritten sich, obwohl sie den Anlaß ihres Streites schon vergessen hatten. Es gab eine Dusche mit Seewasser, und wir hatten bonbonfarbene Stücke einer Salzwasserseife bekommen, die zwar einigermaßen schäumte, aber wenn man sich abgespült hatte, war man salzig und schmierig. Auch die Klamotten ließen sich mit ihr nicht waschen, sie wurden nur klebrig und steif. Wir verlotterten. Läuse hatten wir sowieso.

Mich belächelte man, weil ich versuchte, mich nicht gehenzulassen. Dreimal am Tag baute ich die Pappkartons mit der zugeteilten *fieldration* vor mir auf und zelebrierte eine Mahlzeit. Es muß in der Tat recht komisch ausgesehen haben, wenn ich da saß und bedächtig meine *oatmealcakes* mampfte und all das andere trockene Zeug, in dem, wie eine Aufschrift erläuterte, genügend Proteine, Vitamine und noch allerhand anderes war, um einen Soldaten bei Kräften zu halten. Auch Kaugummi waren in den Kartons – und Zigaretten.

Meist unterhielten wir uns über banale Themen,

ob es besser sei, Zahnpasta zu verwenden oder Zahnpulver, ob auf den anderen Schiffen auch Gefangene wären, welcher der erste Tonfilm war, und natürlich über Automarken und ihre Vorzüge und Nachteile. Wir fragten uns auch, ob es hier wohl deutsche U-Boote gäbe, denn zuweilen wurde unser Kurs abrupt geändert, und auf der Kommandobrücke gab es erregtes Laufen, für das wir keine andere Erklärung hatten.

Der Leipziger Student war schweigsam. Er lag schlafend in der Sonne. Sein haarloser Körper war schmächtig. Ich hatte nur herausbekommen, daß er nicht Kommunist war, weil er sich dazu entschieden hatte, sondern weil sein Vater Kommunist war. In seiner Familie, in seiner Klasse war man kommunistisch, wie man in Bayern katholisch war. Er hatte auch nicht viel theoretische Kenntnisse. Ich hatte auch keine klare Vorstellung, was Kommunismus war, aber ich spürte, daß Kommunismus für ihn ein System war, in dem er ruhte, das ihn nicht zweifeln ließ, das ihm eine Kraft des Überstehens gab, die ich suchte.

Wir Rekruten in der Türkenkaserne im September 1939 sind uns fremd. Wir sind eben aus unserem Alltag, aus Familie und Beruf herausgerissen worden und haben noch unsere zivilen Gewohnheiten. Nur ungeschickt kommen wir mit dem Kasernenreglement zurecht. Wir beobachten uns gegenseitig; schüchtern, ruppig, anmaßend oder freundlich gehen wir miteinander um. In mürrischer Gefügigkeit rennen wir durch die Gänge, angetrieben von Befehlen und Pfiffen. Die Sorge um ein günstiges Bett, passende Stiefel und die ungewohnte Wäsche trennt uns.

Einige scheinen sich aber zu kennen, sie sprechen miteinander in lässiger Vertrautheit, und die neue Umgebung scheint ihnen nichts auszumachen. Einer von ihnen ist auf meiner Stube. Und er spricht mich an. Er heißt Johannes Leppich. Er ist wie die anderen Student am jesuitischen Berchmannskolleg in Pullach und wie sie alle heiter und freundlich, flink und sportlich.

Den ganzen heißen Sommer hatte man geahnt, daß etwas bevorstand, sich gefragt, ob es Krieg geben würde, diese Gedanken aber immer wieder verdrängt. Ich hatte geplant, für das Wintersemester nach Berlin zu gehen. Aber würde das noch möglich sein? Das Befürchtete, wenn es nach bangem Warten tatsächlich eintritt, lähmt. Mechanisch gehorche ich in der Kaserne jetzt den Befehlen, werfe den Kopf nach links oder rechts und marschiere im kalten Morgen durch die Türkenstraße, vorbei an den vertrauten Buchhandlungen, ohne sie wahrzunehmen, hinaus auf das Oberwiesenfeld, werfe mich auf Kommando auf den Boden und robbe mit dem Karabiner in den Fäusten voran. In meinem Kopf schwirren die Trümmer meiner Pläne und Hoffnungen. Meine Gedanken gehen ins Leere, können kein Ziel, keinen Halt finden. Was gelten jetzt Bücher und Bilder. Aber ich habe keine andere Orientierung als sie.

Johannes scheint von solchen Anfechtungen frei. Er strahlt Gelassenheit aus, er ruht in einem Glauben. Seine unaufdringliche Zutraulichkeit macht es mir möglich, mit ihm zu reden, und die stille Art, in der er zuhören kann, macht mich gesprächig. Ich erschrecke über das, was ich sage, und daß ich es sage. Ich spreche so wirr, wie mir zumute ist, und wie ich noch nie zu jemandem gesprochen habe. Er geht auf alles ein, geduldig und nachdenklich, er nimmt meine Zweifel und Ängste auf und hat für alle eine Erklärung und Lösung. In seinem Vokabular gibt es keine undichten Stellen. Die Lehre seiner Kirche hat für alles vorgesorgt, es gibt keine Frage, auf die sie nicht eine Antwort hat. Das ist nicht das Gottvertrauen, in dem ich als Protestant erzogen bin, nicht die Zerknirschung, in der man die Antwort selbst zu suchen hat.

Ich bin fasziniert von diesem System, das Sicherheit zu geben scheint. Immer begeisterter erklärt mir Johannes die Vollkommenheit der katholischen Lehre, und je bohrender meine Fragen, je auswegloser meine Überlegungen werden, desto kühner, desto schlüssiger, desto endgültiger werden seine Antworten. Wenn er in Fahrt gerät, beginnt er zu stottern. Seine Lehrsätze, die dann stoßweise und wie unverbunden auf mich niederprasseln, wirken dadurch überzeugend, authentisch, wie eben gefunden, nicht wie vorgefertigt.

Aber es ist mehr seine Person als seine Lehre, die mich beruhigt. Die Ruhe, mit der er das Rekrutendasein hinnimmt, das ihm ebenso ungewohnt ist wie mir – auch er ist von Büchern weggerufen worden –, die Distanz, mit der er die Nazis beurteilt, die ihm ebenso verhaßt sind wie mir, die Gelassenheit, mit der er in einem bedrohten Leben steht und aus der ihn nichts bringen kann, bewundere ich – und beneide ihn darum.

Aber ich bin dazu nicht fähig. Daß diese Lehre kein Geheimnis hat, keine rauhe Stelle, um sich daran zu reiben, daß jede Rechnung aufgeht, erschreckt mich, scheint mir unglaubwürdig, ja wie ein Zwang, der eigenes Denken, eigene Entscheidung unmöglich macht. Es gelingt Johannes Leppich nicht, mich zum Katholiken zu machen. Aber seine Offenheit in unseren Gesprächen, die elastische Unnachgiebigkeit seines Glaubens und auch sein Humor, der zuweilen seine strenge Haltung mildert, gibt meiner Unruhe Kontur, ich lerne sie ertragen.

Der Gußputzer war schon am zweiten Tag auf der anderen Seite des Stacheldrahts. Mit einem Farbtopf, einem Pinsel und einer Papiermütze turnte er dort herum und strich an. Auf einem Schiff gibt es immer etwas zu streichen, und die Seeleute aller Sprachen und Farben verständigen sich überall. Er war ja an einem Hafen aufgewachsen. Abends brachte er Töpfe mit Gemüse und Hühnersuppe mit, ja sogar Salat und Obst. Er verteilte das gerecht, ich bekam immer als erster was ab. Er fütterte mich wie eine Mutter. Aber die Tage vergingen öde, wir wußten nicht, wie viele es schon waren. Es war uns auch gleichgültig geworden.

Es kam ein Tag wie jeder. Die See war eine glänzende graue Fläche, grau ging das Wasser in Wolken über. Es war schwül und unheimlich still, selbst die Bugwelle rauschte nur leise. Da tauchte am Horizont eine Silhouette auf. Ein fremdes Schiff? Allmählich wurde sie aber höher, wie ein Stab, und allmählich stiegen weitere Stäbe neben ihm hoch. Da rief einer: »New York!« Wir liefen an die Spitze und starrten in den Dunst. Dann rief einer: »Die Freiheitsstatue!«, und nach einer Pause sagte ein anderer, leise wie zu sich selbst: »Die Freiheitsstatue.« Der Abend kam. Die Lichter der Stadt glitzerten in der Ferne. In dieser Nacht schlief keiner. Am Morgen waren Vögel in der Luft. Langsam fuhr das Schiff in den lauten Hafen ein.

Die Hitze war so feucht und dick, daß wir kaum atmen konnten. Man hatte uns alles abgenommen, nackt standen wir unter heißen Duschen – endlich richtiges Wasser, richtige duftende Seife. Aber wir wurden in dem Dampf nicht trocken. Wie sehr wir auch rieben, die grünen Armeehandtücher wurden auch nur naß. Dann kam ein Sanitätssoldat mit einer Spritzpistole und spritzte uns an, überall, wo er nur ein Haar an uns entdecken konnte. Das Desinfektionsmittel brannte wie Feuer. Nun liefen uns nicht nur Ströme von Schweiß aus allen Poren, sondern auch Tränen aus den Augen. Zwischen den Beinen brannte es am wildesten, wir hüpften vor Schmerzen. Dann erhielten wir unsere Kleider zurück. Auch sie waren durch Erhitzen desinfiziert worden. An den glühenden Metallknöpfen verbrannten wir uns die Finger. Tanzend und weinend betraten wir amerikanischen Boden.

Es gab ihn wirklich, den Chattanooga Choo Choo. Noch sehnsüchtiger als die Saxophone in Glenn Millers Orchester heulte die Dampfpfeife des Schnellzugs von Nashville nach Chattanooga in der Ferne, Tag und Nacht an unserem Kriegsgefangenenlager vorbei. Es war ein Teil des Truppenübungsplatzes Camp Forrest in Tennessee.

Unser *camp* war in *compounds* unterteilt, denen jeweils einer von uns als »Kompanieführer« vorstand. In jedem dieser *compounds* verwalteten wir uns selbst, wir hatten eine eigene Kleiderkammer und eine eigene Küche. In der Speisebaracke servierte eine freiwillige Küchenmannschaft in weißen Schürzen Cornflakes und Milch, lauen Kaffee, Hühnerfrikassee mit Maiskörnern und – eine seltsame amerikanische Erfindung – giftgrünen Wakkelpudding, der wie Glas aussah. Einmal in der Woche wurden die Lebensmittelrationen geliefert. Die Küchen der einzelnen *compounds* wetteiferten untereinander, daraus die originellsten Mahlzeiten zu bereiten, vor allem solche, die uns an zu Hause erinnerten: schlesisches Himmelreich, bayerische Knödel, rheinischen Sauerbraten. Die Amerikaner staunten darüber, was wir aus ihren langweiligen Konserven alles zaubern konnten. Und dann hatte jedes *compound* natürlich eine Fußballmannschaft. Das war das erste, was wir organisiert hatten. Taktik und Spieler der miteinander kämpfenden Mannschaften wurden heiß diskutiert.

Obwohl wir nun alle gleich aussahen, in unseren T-Shirts, Drillichhosen, Drillichhemden und schlappen Drillichhüten, und uns auch gleich fühlten, kannten wir noch unsere Dienstgrade. Aber sie hatten für uns keine Bedeutung mehr. Wohl aber für die Amerikaner.

Nach der Genfer Konvention sind Mannschaften verpflichtet zu arbeiten, Unteroffiziere nicht; können aber, wenn sie wollen, Offiziere dürfen nicht. Wir hatten allerhand Hilfsarbeiten in den Lagerhallen und Kantinen des riesigen *camps* zu verrichten und erhielten dafür ein Lagergeld, für das wir in unserer Kantine Zigaretten, Candys,

Chewing-gum, Shaving-lotion und Deodorant kaufen konnten. Das ganze Lager roch nach Old Spice. Shaving-lotion und Deodorant waren ganz neue Sensationen, wer hatte je von so was gehört. Die Arbeit war nicht unwillkommen, da sie die Eintönigkeit des Lagerlebens durchbrach und man »draußen« auch alles mögliche sah und hörte.

Ich meldete mich nicht zur Arbeit. Für den Feind arbeiten! Freiwillig! Das tut man nicht! Ob ich wollte oder nicht, ich war Soldat, auch wenn ich den Feind nicht für meinen Feind hielt. Ich konnte jetzt ja auch nichts anderes sein. Soldat war der einzige Status, der mir zur Verfügung stand, um mich zu halten und zu schützen, hinter dem ich das sein konnte, was zu sein und zu bleiben ich versuchte. Es war, wie fremd sie mir auch immer war, die einzig mögliche Form, sie war auch ein »Verlorener Posten«. So gab es für mich keine andere Entscheidung, selbst wenn ich dadurch in eine Reihe mit sturen Kommißköpfen geriet, mit denen ich nichts zu tun haben wollte. Ich langweilte mich auch nicht, denn wir organisierten nicht nur sportliche Kämpfe, sondern bald auch Kurse in Geschichte und Literatur und stellten eine Theatergruppe auf.

Die Quäker hatten uns Kisten mit Büchern geschickt, amerikanischen und alten deutschen, auch Schulbüchern, teilweise mit Unterstreichungen und Randbemerkungen von Collegeboys, die jetzt wohl im Pazifik oder in Europa an der Front standen. In einer fanden wir Ausgaben von Goldoni und Shakespeare. Wir führten den ›Diener zweier Herren‹ auf. Ich sprang als Truffaldino auf der Bühne herum. Der hatte Speisen zu servieren und dabei heimlich von ihnen zu naschen. Die Kompanie, für die wir spielten, lieferte jeweils dazu einen Pudding, der, wenn ich ihn elegant servierte, gefährlich wackelte. Die Köche machten sich einen Spaß daraus, ihn mit Salz, Pfeffer, Senf oder ähnlichen Zutaten ungenießbar zu machen. Ein Höhepunkt der Vorstellung war immer die Szene, in der ich von diesem Pudding zu schlekken hatte. Ich verdarb – oder verstärkte – den allgemeinen Jubel, indem ich tapfer besonders genüßlich schmatzte.

Aber ich konnte keinen Text behalten und improvisierte jeden Abend etwas Neues, zum Entsetzen meiner Mitspieler, die sich dann dadurch rächten, daß sie mir falsche Stichwörter gaben. Allmählich hatten wir uns aber an diese Konfusion so gewöhnt, daß wir souverän mit ihr umgehen konnten und oft über die dabei unverhofft entstehenden Pointen selber lachen mußten. Das steckte die Zuschauer an, die sich in der verzwickten Handlung ohnehin nicht mehr auskannten und schon jubelten, wenn sie ihre verkleideten Kameraden entdeckten und sie mehr oder weniger geschickt agieren sahen. Es war eine richtige Gaudi. Goldoni, der viel von der Kunst des Extemporierens hielt, hätte das sicher nicht mißfallen.

Bei Shakespeare war das anders. Seine getragene Sprache war leichter auswendig zu lernen als Goldonis venezianischer Alltagsdialog. Sie wirkte auch anders. Sobald, gespielt von einem schwarzgelockten jungen Mann mit einer einschmeichelnden, sonoren Stimme, Orsino, der liebeskranke Herzog von Illyrien, voll Sehnsucht zu deklamieren begann: »Wenn die Musik der Liebe Nahrung ist, spielt weiter! Gebt mir volles Maß! Daß so die übersatte Lust erkrank' und sterbe!«, wurde es still in der Baracke. Das Shakespearesche Verwirrspiel in ›Was ihr wollt‹, wenn der Herzog von einem Mann geliebt wird, der eine verkleidete Frau ist, wurde noch verworrener, wenn diese Frau nun wiederum von einem Mann dargestellt wurde und wenn dieses multiidentische Wesen obendrein noch mit der schönen Olivia zu flirten begann, die ja auch von einem Mann gespielt wurde, einem, den jeder als Fußballer erkannte, und der nun recht kokett mit den Augen zu rollen wußte. Laien spielen Gefühle nicht, sie zeigen sie, ihre eigenen. Ich erschrak manchmal, welche da zum Vorschein kamen. Es gab Abende, da knisterte die Erotik nicht nur auf der Bühne, sondern auch im Zuschauerraum.

Einer hatte eine barockisierende Musik komponiert, eine Ouvertüre, Intermezzi zwischen den Akten und Melodien für die Lieder des Narren. Sie ließ die Zuschauer in unklaren Gefühlen schwelgen und Sein und Schein kaum noch unterscheiden. Mit schmelzendem Tenor sang der Narr:

O Schatz! Auf welchen Wegen irrt ihr?
O bleibt und hört! Der Liebste girrt hier,
Singt in hoch und tiefem Ton.
Hüpf nicht weiter, zartes Kindlein:
Liebe find't zuletzt ihr Stündlein,
Das weiß jeder Muttersohn.

Manch einer wußte nicht mehr, wie ihm war, es gab vereinzelte Tränen, einige legten den Arm um den Nebenmann und zogen ihn an sich.

Ich stolzierte, nunmehr mit der überheblichen Sicherheit eines Schmierenkomödianten, als selbstgefälliger Malvolio über die Bühne, um mich mit schurkischem Augenrollen und lüstern geleckten Lippen der schönen Olivia zu nähern. Sie war der verkleidete Maxe. Der Maxe, ein stämmiger Metzgergeselle aus Niederbayern, hatte rote Apfelbäckchen und staunende blaue Augen. Mit ein bißchen Schminke und einem aus T-Shirts gestopften Busen, einen dicken Arsch hatte er selber, und in eine Art illyrisches Dirndl gezwängt, wirkte er durchaus begehrenswert. Seine falschen Reize kamen fast als echte über die Rampe.

Wie Laienspieler oft, fand Maxe aus seiner Rolle nicht mehr heraus. Er sprach mit Kopfstimme, tänzelte, gestikulierte mit seinen ungewöhnlich zierlichen Fingerchen und klimperte mit den Wimpern – zur Belustigung seiner Stubengenossen. Als diese aber anzügliche Scherze machten, sagte er laut – und plötzlich wieder mit seiner eigenen Stimme –: »I bin a Mann!« und haute auf den Tisch. Er war auch ein Mann.

Die Hitze wurde immer drückender. Nachmittags lagen alle, die nicht zur Arbeit hinausgezogen waren, schwitzend und dösend auf ihren Matratzen. Eines Tages schrillte in die Stille der Ruf: »Haltet ihn, ein Überläufer!« Alle sprangen hoch und liefen hinaus. Auf der Straße, die durch das Lager zum Tor der Wache führte, rannte ein langer Kerl, barfuß in Unterhosen, und hinter ihm eine ebenfalls fast nackte Menge schreiend, gestikulierend und bald auch Steine werfend. Aus allen Baracken kam Verstärkung. Jemand rief: »Hängt ihn auf, den Verräter!« Der erreichte das Tor, gestikulierte keuchend mit dem verdutzten Wachposten, und wurde von ihm gerade noch hinausgelassen, bevor die Menge an den Zaun prallte. Steine flogen ihm nach. Niemand konnte erklären, was eigentlich los war.

Später stellte sich heraus, daß es sich um einen Österreicher gehandelt hatte, einen Arbeiter aus

Wien, der sich nie gescheut hatte, auf die Nazis zu schimpfen, sich als Kommunist zu bekennen und der Sowjetunion den Sieg zu wünschen. Er habe, wie es hieß, den Amerikanern die Lage von Rüstungsbetrieben in Wien, in denen er gearbeitet hatte, verraten. Am nächsten Tag holte die Wache seine Sachen ab. Wir sahen ihn nicht wieder. Niemand sprach mehr davon. Einer hatte sich ausgeschlossen, hatte die Gemeinschaft in Frage gestellt, und ein einziges Wort – Verräter – hatte genügt, um sie zur Meute zu machen.

In jeder Klasse gibt es einen, der nicht mitkommt, der häßlich ist oder sonstwie außerhalb steht. In unserer Volksschulklasse ist das ein O-beiniger Schrat mit zu großem Kopf, der auch noch ungewaschen ist und nach Zwiebeln stinkt. Wir verspotten und tratzen ihn, nicht immer gutmütig. Eines Tages rennt er weg und wir hinterher, durch die Renatastraße über die Gerner Brücke hinein in das vormittäglich stille Villenviertel, schreiend, lachend hinter dem verzweifelt humpelnden Gnom. Plötzlich verschwindet er in der Kellertür eines Hauses. Wir johlen am Zaun. Da kommt eine Frau heraus in Schürze, die Haare in einem Dutt auf den Kopf gesteckt, die Arme in die Hüften gestemmt. »Saupack, greislichs, laßts mein Buam in Ruah, er hat eich nix do. I laß ma des net gfalln, schleichts eich!« Wir stehen betreten da. Er hat eine Mutter! Er wird geliebt! Er wird verteidigt! Keiner sagt mehr was. Jeder geht langsam in seiner Richtung nach Hause.

Zu den Küchen im *compound* gehörte ein Eisschrank, so groß, daß man ihn betreten konnte. Drinnen waren links und rechts von dem Gang, der ihn durchzog, auf Regalen die Lebensmittel gestapelt. An einem schwülen Abend ging der Koch des *9. compounds* noch einmal in die Küche, um zu kontrollieren, ob auch alles ordentlich versorgt sei. Er öffnete die Tür des Eisschranks – da standen zwei und wichsten miteinander. Wo hätten sie auch hingehen sollen, man war ja nirgends allein, und außerdem war es da drinnen angenehm kühl. Der Küchenbulle hatte aber keinen Humor und meldete es dem Kompanieführer.

Der hatte auch keinen Humor. Er ließ die Küchenmannschaft antreten. Er wollte herausfinden, wer von »dieser Sauerei« etwas gewußt hatte. Kameraden verraten? Das kam nicht in Frage! Alle schwiegen. Daraufhin verdonnerte er die gesamte Mannschaft wegen Gehorsamsverweigerung zu einer Woche Kohleschippen. Das ganze Lager lachte über die tolle Erfindung der »Eisschrankstellung«, und ein Witzbold brachte das Gerücht auf, die ganze kohleschippende Mannschaft sei drinnen gestanden. Bald war alles wieder vergessen. Das *9. compound* hatte die beste Fußballmannschaft des ganzen Lagers, und einer von den beiden im Eisschrank war ihr bewunderter Mittelstürmer. Jetzt ging er mit seinem Freund Arm in Arm durch das Lager.

Es kam eine Kommission. Offiziere fragten uns kleinen Haufen der Nichtarbeitenden, ob wir jetzt nicht doch arbeiten wollten. Wir wollten nicht. Das verwunderte und verärgerte sie. Sie belehrten uns aber, daß wir nach der Genfer Konvention unseren Dienstgraden gemäß den Befehl, die Arbeitenden zu beaufsichtigen, nicht verweigern könnten. Das verwunderte und verärgerte wiederum uns, denn das war eine heikle und unangenehme Aufgabe. Aber es war die Wahrheit. Nach und nach wurde dann auch einer nach dem anderen aus dem Lager versetzt, wohin, das wußten wir nie. Aber so blieb es uns wenigstens erspart, die Kameraden, mit denen wir jetzt schon über ein halbes Jahr zusammen waren, zu kontrollieren.

Auch ich wurde versetzt. In einem Jeep fuhren mich drei Wachsoldaten nach Süden. Ich hatte nur einen kleinen Koffer bei mir mit meinen persönlichen Sachen, kaum mehr als in dem Brotbeutel, mit dem ich gefangengenommen worden war – Brahims Foto war dabei. Es war ein stabiler Koffer aus Holzplatten, mit gewachstem, gestreiftem Leinen überzogen. Alle amerikanischen Soldaten trugen so einen, ich hatte ihn in der Kantine gekauft. Alles, was uns an Kleidung und sonstigen Gegenständen zugeteilt worden war, hatte man mir wieder abgenommen. Es gehörte der *army*, nicht mir. Ich trug wieder meine deutsche Uniform. Ich hatte mich an »unser« *camp* und einige Vertraute gewöhnt, mit ihnen auch allerhand Pläne gemacht. Für den ›Zerbrochnen Krug‹ mußten sie nun einen anderen Dorfrichter Adam suchen. Der Abschied war mir schwergefallen, und ich fragte mich, warum ich stur geblieben war. Aber ich hatte mich nun mal entschieden. Und wieder einmal wußte ich nicht, wohin es ging. Der Tag war lang, es war staubig und heiß. Tankstellen zogen vorbei, hinter Bäumen standen Häuser mit spitzen Giebeln, die von weißen Holzsäulen getragen wurden.

Das Lager, in dem wir am Abend ankamen, lag in einem Wald, in dem schwere Moosflechten von den Bäumen hingen. Es war klein, nur drei Baracken, sie waren bunt bemalt, und an den Giebeln hingen gebleichte Tierschädel. Wäre nicht ein Stacheldrahtzaun darum herum gewesen, hätte man es für ein Ferienlager halten können.

Wir hatten in den Wäldern Bäume zu fällen. Mit Motorsägen zogen wir morgens in kleinen Trupps hinaus. Die Kameraden, die offenbar schon lange hier hausten, hatten mich neuen Supervisor zwar kumpelhaft begrüßt, als ich noch in der Uniform eines Unteroffiziers in die Baracke getreten war, aber doch etwas mürrisch beäugt. Wir verstanden uns aber gut, als wir in dem feuchten, grünen Dickicht zu sägen begannen. Ich packte mit an, als wir allein waren.

Die Arbeit war nicht allzu schwer, aber die schwüle Hitze machte uns träge. Wir setzten uns bald unter die riesigen Büsche von Farnen und anderen seltsamen Pflanzen und rauchten. Die schwarzen Soldaten, die uns bewachen sollten, saßen auch irgendwo und rauchten. Wohin hätten wir auch abhauen können – obwohl wir immer wieder mal besprachen, ob das nicht doch möglich wäre.

Einige verwegene Burschen hatten Schlangen gefangen. Sie glitten überall herum. Mit ihren dikken Arbeitshandschuhen brachen sie ihnen die Giftzähne aus, packten sie am Schwanz und schlugen sie mit den Köpfen so lange an einen Baum, bis sie schlaff herunterhingen. Aber sie zuckten noch. Dann steckten sie sie in die großen Taschen ihrer Overalls. Wenn die Posten, die kein Motorengeräusch, kein Kreischen der Sägen und nicht mehr das Krachen der niederstürzenden Bäume hörten, kamen, um uns anzutreiben, zogen die Schlangenfänger ihre Vipern lässig aus der Tasche. Die schlängelten sich noch und wanden sich um die Arbeitshandschuhe. Schreiend und mit gurgelnden Stoßgebeten rannten die Schwarzen davon. Unbewegt stand das dichte Grün wieder um uns, nur die Schreie der Vögel und das Rascheln und Quieken von Tieren im Unterholz war zu hören.

Auch nachts war es nicht kühl, unsere durchgeschwitzten T-Shirts wurden nie trocken. Wir wurden so träge, daß wir uns nicht einmal mehr langweilten. Einige hatten nicht nur Schlangen, sondern auch seltsame exotische Tiere gefangen, irgendwelche Reptilien oder Gürteltiere, sie ausgeweidet und ihre Skelette in der Sonne getrocknet. Sie hingen wie Fetische überall herum. Aus der Haut machten wir kleine Beutel, die bei unseren Bewachern sehr beliebt waren und für die wir Zigaretten eintauschten. Damit und mit Kartenspielen gingen die Tage dahin.

Wie viele waren vergangen, als wieder eine Kommission kam? Wieder die gleichen Fragen, ob wir jetzt arbeiten wollten, wieder unser Nein. Jetzt wurde es ungnädig und mit drohender Miene angehört. Aber wir drei – mehr waren wir nicht – hofften, so aus dem erschlaffenden Dunst hier wegzukommen.

Und tatsächlich standen wir schon einige Tage später auf dem Perron des Bahnhofs von Atlanta mit weiteren zwölf Unteroffizieren und Feldwebeln, die aus andern Lagern hergeführt worden waren, in unseren Uniformen, die mit Omo gewaschen, jetzt fast weiß schienen. Wir sahen recht schmuck und soldatisch aus. Der dicke *master-sergeant,* der unsere Bewachungsmannschaft anführte, musterte uns wohlgefällig. *»Well, boys«,* sagte er in rollendem Südstaatenslang, *»if you don't make trouble, we will have a good time.«* Warum sollten wir *trouble* machen? Wir saßen bequem in den Schwenksesseln eines Pullmanwagens, der an einen normalen Zug angehängt war, und ließen die Landschaft des alten Südens vorm Fenster vorbeiziehen. Wieder einmal wußten wir nicht, wohin es ging.

Es kam die Mittagszeit. Ein Posten vorneweg, immer mal einer zwischen uns, der *mastersergeant* am Schluß, zogen wir im Gänsemarsch durch den Zug. Als die Frauen unsere Uniformen sahen, schrien sie auf und zogen ihre Kinder an sich, die Männer sprangen hoch und starrten uns grimmig an. *»Germans! Nazis!«* Der *mastersergeant* konnte sie nur mit Mühe beruhigen. Wir kamen in einen Speisewagen in der Mitte des Zuges, der für Soldaten reserviert war. GIs in offenen Hemden oder T-Shirts lungerten schwitzend und rauchend, mit Bierdosen in der Hand, dort herum. Sprachlos und mit offenem Mund starrten auch sie auf uns, als wir uns brav in die für uns bestimmte Ecke setzten und die Steaks mit Mais, Erbsen und Kartoffelbrei, die uns ein nicht minder verstörter GI in weißer Schürze serviert hatte, manierlich verspeisten. Zu trinken gab es aber nur Wasser. Der *mastersergeant* war sichtlich stolz auf uns und blickte verächtlich auf die betrunkenen Urlauber. *»Look at my boys, they are soldiers«*, schien er zu sagen.

Das Lager, in dem wir schließlich ankamen, lag noch weiter im Süden, in Alabama. In ihm wurden die Arbeitsverweigerer aus allen andern Lagern zusammengezogen. Hier herrschte ein harter Ton, auf die strikte Einhaltung einer Lagerordnung, wie wir sie bisher nicht gekannt hatten, wurde streng geachtet. Immer wieder gab es Appelle und neue Vorschriften.

Eines Tages kamen »Neue«. Sie sahen ganz anders aus. Sie waren abgemagert, ihre Köpfe waren geschoren, sie wirkten verstört und unsicher in dieser ihnen unvertrauten Umgebung. Sie waren von den Alliierten, die von Afrika über Sizilien heraufgezogen waren und schon halb Italien erobert hatten, bei Rom am Strand von Anzio gefangengenommen worden, erst vor kurzem, man hatte sie unmittelbar hierher transportiert. Sie blickten uns unsicher an.

Wir alten »Afrikaner« glaubten immer noch, nicht besiegt, sondern im Stich gelassen worden zu sein. Und das Jahr des isolierten Gefangenenlebens, die Beeinflussung durch amerikanische Zeitungen, Wochenschauen und Filme hatten unser Wahrnehmen, Denken und Urteilen verändert.

Das wurde uns jetzt bewußt, als wir mit diesen Neuen zusammentrafen. Sie waren nicht nur jünger, sie waren eine andere Generation. Sie hatten den Krieg in Niederlagen kennengelernt. Sie waren in bombardierten Städten zur Schule gegangen und hatten Väter, die schon gefallen waren, sie waren im »totalen Krieg« aufgewachsen, in seine Ideologie hineingewachsen, sie hatten nie ein anderes Leben gekannt. Sie staunten über uns.

Jeder Mensch hat Eigenschaften, Wünsche, Vorstellungen, die er nicht nur anderen, sondern auch sich selbst nicht eingestehen will. Dieser Rest an Individualität unterschied uns »Alte« voneinander, zog uns aber auch gegenseitig an. Was wir in unseren dilettantischen Shakespeare-Spielen unbewußt erfahren hatten, erlebten wir nicht minder unbewußt in unserem Lageralltag. Wir entdeckten in uns Gefühle, von denen wir nichts geahnt hatten, und andere, die wir für unverzichtbar und unbezweifelbar gehalten hatten, waren uns abhanden gekommen.

Obwohl es Streit gab, Ausbrüche von Wut oder sinnloser Bosheit, gingen wir rücksichtsvoll miteinander um. Die Bedingungen unseres früheren Alltags waren nicht mehr da. Schon das Leben als Soldaten in der Kaserne oder an der Front hatte uns verändert. Die gewohnten Sorgen um Nahrung, Kleidung, Unterkunft waren uns seit langem genommen worden. Auch die Gedanken an das

Morgen waren anders geworden, Verantwortung war durch Gehorsam ersetzt, Entscheidung durch Befehle. Aber es hatte immer noch und manchmal in harter bedrohlicher Form Unerwartetes gegeben, Ungerechtigkeit, Grausamkeit, Tod. Nun gab es auch das nicht mehr. Wir lebten wie unter einer Glasglocke. Und so wie die Pflanzen im Gewächshaus sich anders entfalten als unter Sonne, Wind und Regen und andere Blüten treiben und andere Früchte tragen, waren wir physisch und psychisch anders geworden.

Wir pflegten unseren Körper um seiner selbst willen, obwohl es natürlich eitle Gecken und nachlässige Schmutzfinken gab. Wir hatten die Haltung, zu der uns Gesellschaft, Beruf oder Stellung gezwungen hatten, verloren. Zu Ehrgeiz gab es kaum Anlaß. Interessen verschoben sich. Aber der Mensch hat nicht so viele Interessen, wie er gerne glaubt. Viele werden ihm eingeredet von Staat, Kirche, Wirtschaft. Einige waren gläubig und gingen regelmäßig zu den Gottesdiensten. Ich beneidete sie. Die meisten zerstreuten sich bei Kartenspiel, Schachspiel, Fußball oder Musik. Die Nachrichten über den Verlauf des Krieges und die Siege der Alliierten, die wir in den Zeitungen lasen, schienen uns aus einer Welt zu kommen, mit der wir nichts mehr zu tun hatten. Wir hatten nicht nur Theatertruppen, sondern auch Orchester aufgestellt. Die Instrumente waren wie die Bücher von den Quäkern gekommen. Und dann hatte es – wöchentlich einmal – Filme gegeben. Ich glaube, wir haben in den Jahren fast die ganze Hollywoodproduktion der dreißiger Jahre gesehen.

Die Filme lieferten ausgiebige Gesprächsstoffe über Verbrechen und Mord, über Schurkereien und Leidenschaften, über komische Typen – und natürlich über Frauen. Wie lange war es schon her, daß wir mit Frauen umgegangen waren? Auch die Erinnerungen an sie, die Vorstellungen von ihnen hatten sich verändert. Schon als Soldat hatte man anders von ihnen gesprochen. Man hatte von Weibern schwadroniert, die man meist nur flüchtig getroffen und wieder verlassen hatte. Genüßlich hatte man sich dann ihre körperlichen Eigenheiten, ihre sexuellen Vorzüge und Nachteile erzählt und mit seiner Potenz und seinen Erfolgen geprotzt. Die geringe Variationsmöglichkeit dieser Schilderungen hatte man durch endlose Wiederholungen wettgemacht.

Aber es gab auch die Mütter, die Ehefrauen, die Geliebten. Und die waren anders. Für ihre Vorzüge gab es andere Vokabeln, andere Vergleiche. Aber auch sie hatten sich in der Erinnerung verändert. Dominierende Mütter waren nur noch gütig und hilfsbereit, wie hatten sie einen doch gestreichelt, die Tränen getrocknet und die Lieblingsspeisen gekocht. Und mit den Ehefrauen hatte es nie Streit gegeben, immer waren sie verständig und zu Willen, und die Kinder waren stets brav, reizend und vielversprechend.

Wir entkamen uns nie, selbst auf dem Lokus waren wir nicht allein. Wir sahen, hörten, rochen uns in allen Situationen und Handlungen. Wir kannten einander, wie wir die Funktionen unseres Körpers kannten. Und unser Umgang miteinander hatte, auch wenn es uns nicht bewußt war oder wir es uns nicht eingestanden, einen erotischen Unterton bekommen. Die Zärtlichkeit, ja die sehnsuchtsvolle Scheu, die wir gegenüber Frauen empfunden hatten, übertrug sich nun auf Männer. Es waren nicht sexuelle Gefühle, die uns verbanden. Sexuelle Handlungen wie die im Eisschrank von Camp Forrest kamen gelegentlich schon vor, und es gab auch Paare, die dadurch enger verbunden waren, aber in unseren Gesprächen übereinander, in unserem Verhalten zueinander war nichts Sexuelles. Wir waren vielleicht weicher und empfindsamer geworden und reagierten zuweilen sentimentaler, aber wir waren nicht »weibisch«. Wir waren Kameraden.

Von Kameradschaft sprachen die Neuen zwar auch, aber für sie war sie etwas anderes: ein Verhalten, das eher dem der Schiffbrüchigen auf dem Floß der Medusa glich, wo es nur dem verzweifelten Kampf ums gemeinsame Überleben diente und aufgegeben wurde, wenn es um die eigene Rettung ging.

Auch in diesem Lager hatten wir Unterricht organisiert. Ich versuchte einer kleinen Gruppe die Problematik des ›Prinzen von Homburg‹ zu erklären. Da saß einer, der stellte bohrende Fragen. Bald merkte ich, daß es ihm nicht um den Prinzen ging, sondern um sich selbst. Er war einer von den Neuen und sah mit seinem großen nackten Kopf und riesigen Augen wie ein Frosch aus. Er hieß Hermann. Er war in Stuttgart zur Schule gegangen und von seinem Deutschlehrer für Hölderlins »Heilig Vaterland« begeistert worden. Dem wollte er dienen. Er hatte sich um die Offizierslaufbahn beworben, aber bei der Ausbildung erkannt, daß ein Offizier in diesem Krieg nicht das war, was er sich in seiner Hölderlin-Begeisterung vorgestellt hatte. Er war ein sturer Schwabe und zog die Konsequenz. Der Ausbildung zum Offizier konnte er aber nur entkommen, indem er sich freiwillig zu den Fallschirmjägern meldete. Er hatte die harte Ausbildung durchgestanden, sein erster Einsatz hatte ihn bei Anzio in Gefangenschaft gebracht.

Die Fragen von Gehorsam und selbständigem Handeln, von Traum und Wirklichkeit, die wir besprachen, waren seine eigenen, existentiellen. Er kam zu mir, stundenlang gingen wir auf und ab in Gesprächen, die immer intensiver, immer persönlicher, immer entscheidender wurden. Ich merkte nicht gleich, wie seine Haltung Risse bekam und durch mein Plädoyer für Freiheit, Unabhängigkeit, Individualität in Trümmer ging. Seine Ernsthaftigkeit forderte mich heraus, aber ich stemmte mich nicht nur gegen ihn, ich bohrte auch in mir. Hatte ich nicht einen ähnlichen Lehrer gehabt? Wie hochtrabend hatte uns Ernst Bertram in seinen Vorlesungen vom »Vaterländischen« vorgeträumt, vom »Welschen« verächtlich gesprochen und vom »Volk im Weizenhaar« geschwärmt. Und eines der kostbarsten Bücher in meinem Bücherschrank – meinem Bücherschrank? gab es ihn noch? – war die Dissertation Norbert von Hellingraths über die Pindar-Übertragungen von Hölderlin. Elsa Bruckmann, die Witwe des Verlegers Hugo Bruckmann, die mit Hellingraths verwandt war, hatte mir die schmale Broschüre geschenkt, als sie mir zum Abschied von München die drei Visitenkarten nach Rom mitgab, die mir so viel gebracht hatten an Freundschaft und Erkenntnis. Und Stefan Georges ›Neues Reich‹! Rudolf Borchardts ›Tacitus‹! Hugo von Hofmannsthals ›Deutsche Beiträge‹! Thomas Manns Goetheworte! André Gides ›Corydon‹! Alles war hochgewühlt, loderte, fiel in sich zusammen und funkelte. Ich zertrampelte auch die Pfade meiner eigenen Entwicklung. Was Hermann mich fragte, fragte auch ich mich. In diesem Kampf sprach ich aus, was sich lange aufgestaut und kein Ventil gefunden hatte und nun explodierte. Wir erschöpften uns beide und waren ineinander verkrallt.

Noch nie hatte ich eine solche Nähe zu einem anderen gespürt. Sie wurde auch zu einer Nähe der Körper, ein Verlangen der Körper zueinander, eine Gier aufeinander. Unsere Blicke stachen ineinander, unsere Hände verknäulten sich, unsere Körper preßten sich aneinander. Jetzt brauchten wir keine Worte mehr, jetzt hatten wir keine Worte mehr; jeder war ein anderer geworden, jeder war der andere, und beide waren wir eins.

Immer wieder gab es in diesem streng geführten Lager Anlässe, um uns zu maßregeln. Die Tore zwischen den einzelnen *compounds* wurden von einem auf den anderen Tag geschlossen. Hermann gehörte in ein anderes *compound.* Wir hatten uns seit Tagen nicht mehr treffen können. Eines Nachts stand er neben meinem Bett. Er war durch zwei Zäune gekrochen. Ich erschrak, er hätte erschossen werden können. »Ich wußte, daß du an mich denkst«, sagte er leise, zog sich behutsam aus und legte sich neben mich. Der im Bett neben mir schnarchte, aber es war so still, daß wir unsere Herzen schlagen hörten. Am Morgen gelang es ihm, im Gewimmel des Appells durchs Tor zu schlüpfen und sich wieder in sein eigenes *compound* zu schmuggeln.

Dann wurden wir endgültig getrennt. Eines Morgens wurde das gesamte Lager zusammengerufen. Ein *captain,* den wir noch nie gesehen hatten, trat vor uns und verkündete laut und kurz, der Krieg sei nun zu Ende, nun hätten wir alle zu arbeiten. Schon am nächsten Morgen marschierten wir zum Tor hinaus und wurden auf Eisenbahnwaggons verteilt. Wieder einmal wußten wir nicht, wohin wir fuhren, was uns bevorstand. Ich hatte mich von Hermann nicht verabschieden können, ich hatte ihn nicht mehr gesehen.

Wir fuhren lange, es regnete. Wir kamen in einem leeren Lager an. Jemand hatte auf einer vorbeifliehenden Station »Memphis« gelesen. Am Abend begann ein wildes Palaver. »Wir arbeiten nicht! Jetzt erst recht nicht! Wir lassen uns doch nicht unterkriegen! So nicht!« In dem Geschrei steigerte einer die Entschlossenheit des anderen. Aber die Argumente waren vergessen. Erst spät in der Nacht trat Ruhe ein.

Am nächsten Morgen ging alles schnell. Wir mußten antreten, in nieselndem Regen, nach dem Alphabet. Die ersten zehn Mann, zu denen ich gehörte, wurden aufgerufen, abgetrennt, auf einen Lkw verladen, und schon waren wir draußen vorm Tor. Wir hielten an einem Güterbahnhof, wurden an Eisenbahnwagen verteilt und bekamen den Befehl, Bretter abzuladen.

Ich blieb stehen und tat nichts. Der Posten glaubte, ich hätte ihn nicht richtig verstanden, und wiederholte den Befehl. Ich antwortete ihm, ich würde nicht arbeiten, denn ich sei *noncommissioned officer* und nach der Genfer Konvention nicht verpflichtet zu arbeiten. Das verwunderte ihn. Dann sagte er *»That means trouble«*, und nach kurzem Überlegen *»I have to report«*, drehte sich um und ging weg. In der Ferne sah ich meine Kameraden Bretter auf einen Haufen werfen. Mir war mulmig. Warum stand ich hier? Der Krieg war vorbei, ich war nicht mehr Soldat. Welchen Status galt es jetzt noch aufrechtzuerhalten? Aber war sich zu beugen nicht ehrlos, gerade wenn es schwierig wurde? Und war es jetzt nicht schon zu spät? Und hatte man nicht aufrecht zu stehen, wenn das Schiff sinkt?

Da kurvte auch schon ein Jeep heran, zwei Militärpolizisten sprangen heraus, warfen mich hinein und sausten in einem Tempo davon, daß ich fast hinausgeschleudert wurde. Sie stoppten vor dem Lager der Militärpolizei, zerrten mich heraus und begannen mit ihren Holzknüppeln auf mich einzuschlagen. *»Goddam nazibastard!«* Sie rissen an meiner Uniform, sie ging in Fetzen, meine Hose rutschte über die Knie, ich konnte mich nicht mehr bewegen, eine Blutbahn lief vom Kopf über Brust und Bauch und tropfte vom Schwanz. Mir wurde heiß vor Wut, ich wollte einen der MP anspringen, da sah ich am Tor einen Offizier stehen mit einer Pistole in der Hand. Nein, das nicht! Ich ließ mich fallen, nasse Kieselsteine waren vor meinen Augen und der Stiefel eines MP. Er stieß nach mir. Ich schloß die Augen. Es dröhnte in meinen Ohren, und jetzt, erst jetzt tat mir alles weh.

Die beiden packten mich an den Füßen und Armen, schleiften mich über den Kies des Hofes in eine Waschbaracke, legten mich auf den Betonboden und drehten die kalte Dusche auf. Jetzt war es still, das Wasser rauschte, unter mir rann rosa Blut weg, ich zitterte. Dann versuchte ich mich aus meinen zerrissenen und verdreckten Uniformteilen herauszuwinden. Ich zog mich am Rohr der Dusche hoch. Das kalte Wasser linderte ein wenig die Schmerzen am Kopf, im Genick, am Rücken, in den Kniekehlen.

Da stand einer in der Tür, ich hatte ihn nicht kommen hören. Ein Sanitätssoldat in gebügelter Uniform. Durch eine große randlose Brille sahen dunkle Augen mich neugierig an. Lächelnd, mit herablassender Milde und Sorgfalt tupfte er mir aus einer großen Flasche Alkohol in die Wunde am Kopf. Ich wäre vor Scham am liebsten wieder auf den Boden gesunken, aber der Schmerz, den der Alkohol auf dem offenen Fleisch verursachte, stach mir so scharf durch alle Glieder, daß ich steif wurde.

Dann kam ein MP und warf mir Hose, Hemd, T-Shirt, Schuhe und Socken hin. Apathisch zog ich sie über meine nasse Haut. Jetzt war mir alles wurscht. Jetzt war es soweit. Das war das Ende. Hätte der Offizier doch geschossen. Ich sah nichts, ich hörte nichts, ich fühlte nichts, ich dachte nichts, als ich hinter dem MP herschlurfte. Ich wußte nicht, was mir bevorstand; stand mir überhaupt noch etwas bevor?

Vor einer Eisentür blieb er stehen, schloß sie auf, schubste mich hinein und warf sie klirrend wieder zu. Im Dunkeln stand und hockte eine Handvoll meiner Kameraden. Sie begrüßten mich ohne ein Wort, sie faßten mich an. Sie sahen nicht viel anders aus als ich, zerrissene Uniformen, verklebte Haare, Schrunden und blaue Flecken. Sie hatten sich noch im Lager geweigert zu arbeiten, mußten dann Spießruten laufen durch zwei Reihen von Militärpolizisten, die mit ihren Knüppeln auf sie einschlugen. Sie waren nur wenige gewesen, die meisten hatten sich gefügt, aber sie hatten sich gewundert, als sie mich so brav mit dem ersten Arbeitstrupp hatten abziehen sehen. Das hatte sie enttäuscht, sie hatten mich immer für einen der ihren gehalten. Nun waren sie erleichtert. Wir waren erschöpft, kaputt und redeten kaum. Wir schauten uns an. Wir waren noch da, wir gehörten zusammen.

Am nächsten Morgen wieder Antreten. Der Lagerkommandant kam und musterte lange den seltsamen zerrauften Haufen, der da blinzelnd in der Sonne vor ihm stand. Dann sagte er: »*Well, are you ready to work?«* Ich war wieder einmal als Sprecher auserkoren worden und sagte, wie abgemacht: Ja, der Gewalt müßten wir weichen. *»O. k., soldiers«*, sagte er nach kurzer Pause – *soldiers,* nicht *prisoners.*

Jeden Morgen zogen wir nun in kleinen Trupps hinaus in das riesige Militärlager von Memphis. Wir sortierten und stapelten alles mögliche Material und Gerät, Skiausrüstungen und Anker, Dosen mit Marschverpflegung, Sanitätsausrüstungen, Zelte, Möbel. Wir staunten, was es alles gab und was die *army* alles hatte. Unsere Verpflegung war jetzt karg, sie bestand hauptsächlich aus Mais in den verschiedensten Formen von Flakes und Breien. Die schwarzen Zivilarbeiter, mit denen wir in den Lagerhallen zusammen arbeiteten, hatten Mitleid mit uns und gaben uns einige von ihren weißen, weichen Sandwiches ab, die sie in kleinen gewölbten Blechkoffern von zu Hause mitgebracht hatten.

Es gab ein kurioses Mißverständnis. Auf ihre Frage, was wir zu essen bekämen, hatte einer auf deutsch »Mais« geantwortet. Der Schwarze hatte aber *»mice«* (Mäuse) verstanden. Alle liefen sie zusammen und rollten empört ihre weißen Augen. Auch nachdem der Irrtum aufgeklärt war, schauten sie immer noch mißtrauisch in unsere Aluminiumschüsseln, als ob sie doch einen Verdacht hätten. Ab und zu rief einer übermütig *»mice«*, und wir lachten alle.

Die Ereignislosigkeit unseres Daseins, die Monotonie von Arbeit und Erschöpfung ließ unsere Wahrnehmungen und Interessen verkümmern und unsere Phantasie im Kreise gehen. Dieser Prozeß hatte bereits auf dem Schiff begonnen, als wir unsere Verlorenheit durch eine Verklärung der Vergangenheit zu ertragen suchten. Er hatte sich fortgesetzt durch eine Abstrahierung von der Gegenwart, die wir nur durch Worte in Zeitungen und Bilder in Wochenschauen wahrnahmen oder die uns im verlogenen Schein von Filmen vorgegaukelt wurde und die durch das Medium der unvertrauten Sprache noch zusätzlich verfremdet war. Wie unsere einstige bürgerliche Existenz waren nun auch Krieg und Politik unwirklich und unverbindlich geworden, wir bekamen sie ja ohnehin nur aus der Optik der Amerikaner zu sehen. Sie waren kaum Gesprächsstoff. Wir ahnten nicht, welchen Schock, welche Zerstörung unserer Vorstellungen und Gefühle die Konfrontation mit einer nie vorgestellten Realität bewirken sollte.

An einem Tag wurden wir nicht zur Arbeit abgeholt. Verwundert lungerten wir herum. Wir hatten uns an die Routine gewöhnt; daß sie plötzlich unterbrochen war, verstörte uns. Stand ein neuer

Transport bevor? Wir wußten mit der freien Zeit nichts anzufangen; Mittag war vorbei. Wir hatten lustlos unseren Maisbrei gelöffelt, als das Lager auf einmal voller Militärpolizisten war, in Helmen und feldmäßiger Montur. Laute Befehle. Wir wurden in Viererreihen aufgestellt und zum Lager hinausgeführt. Vorne ein Trupp Militärpolizisten, hinter uns ein Jeep, auf den ein Maschinengewehr montiert war. Woher war er gekommen? Wir hatten ihn nicht gesehen, wir hatten ihn noch nie gesehen.

Schweigend marschierten wir in der sengenden Sonne zum Tor hinaus, vorbei an den Lagerschuppen, in deren Schatten die schwarzen Arbeiter standen und uns verwundert anstarrten, durch das *camp* der Militärpolizei in eine Baracke. An der Stirnseite eine große Leinwand, davor Stuhlreihen. Befehle, uns zu setzen. Das Tor krachte zu, es war finster und dumpf. Die Leinwand begann zu flimmern. Ein General und amerikanische Soldaten marschieren vorbei, das Tor eines Schuppens wird geöffnet, Gespenster torkeln heraus, Skelette mit riesigen Augen, offenen Mündern. Aus dem *off* eine harte Stimme. Unsere Augen waren so gebannt, daß unsere Ohren kaum hörten. *Concentrationcamp*, Buchenwald, *nazicrimes* stach in unser gelähmtes Bewußtsein. Leichenberge, offene Gräber, Arme, Beine ragen heraus, Mundhöhlen ohne Zähne und abermals Berge von Leichen, von

Schuhen, von Kleidern, von Koffern. Leere Baracken mit leeren Holzpritschen, und immer wieder wankende Gespenster. In der Reihe vor mir sackte einer vom Stuhl.

Wie lange hatte das gedauert? Was hatten wir gesehen? In gleicher Formation waren wir zurückmarschiert, angetrieben von dem Jeep mit dem Maschinengewehr. Als das Tor des Lagers hinter uns wieder zugerollt war, standen wir stumm herum. Wir wußten nicht, was wir tun sollten. Die Hitze flimmerte. Einige fielen um. Keiner kümmerte sich um sie. Wir waren starr. Wir konnten uns nicht ansehen. Jeder war allein.

Waren wir auf unsere Matratzen geschlichen? Hatten wir uns ausgezogen? Waren wir pissen gegangen? Wann war die Nacht gekommen? Hatten wir geschlafen? Und was hatten wir gedacht? Hatten wir überhaupt etwas denken können?

Die Routine des nächsten Tages fing uns wieder auf. Wir standen an unseren Arbeitsplätzen, die weichen Stimmen der Schwarzen gingen an unseren Ohren vorbei, wir zogen unsere Arbeitshandschuhe aus und nahmen mit leerem Blick die angebotenen Sandwiches in die Hand, kauten, schluckten und warfen uns dann wieder die Kartons mit Büchsen, mit Flaschen, mit unbekanntem klirrendem Inhalt zu.

Unser langes und nahes Zusammensein hatte doch eine Vertrautheit entwickelt. Wir konnten doch eigentlich über alles sprechen – über den Film sprachen wir nicht. Wir hatten keine Sprache mehr. Wir waren plötzlich weit voneinander entfernt. Natürlich behaupteten einige, das sei doch alles nur Propaganda, das seien Leichen von Bombenangriffen, und die Bomben hätten doch die Alliierten geworfen. Aber das waren nur hilflose Versuche, sich von der Lähmung freizuschwätzen. Es gibt keine Worte, um auszusprechen, wie wir uns fühlten. Es war mehr als Erschrecken, mehr als Grauen, mehr als Empörung, was uns verändert hatte; es war ein Gefühl, für das es keine Erfahrung gegeben hatte und mit dem man darum auch nicht umgehen konnte.

Ich hatte Anker zu stapeln. Die spitzigen Eisenhaken waren geteert, sie waren glitschig, und ich war von ihrem warmen Teergeruch wie betäubt. Sie mußten nach einem komplizierten System ineinander gelegt werden und wuchsen zu einem Turm hoch. Ich kletterte immer weiter hinauf, ein Kran schwenkte neue Anker herbei. Der Turm schwankte leise. Um mich war nur gleißendes Licht, aus dem schwarze Eisenstücke auf mich zuschwebten. Warum faßte ich sie an? Warum ließ ich sie nicht hinunterfallen? Warum stürzte ich nicht hinterher? Ich war allein und wußte nicht, wie ich weiterleben sollte, ob ich weiterleben konnte. Ich fühlte mich schuldig, mitschuldig. Ich hatte mich rausgehalten, ich hatte mich geduckt, ich hatte mich gedrückt. Aber ich war nicht entkommen.

In einer Kiste mit zerfledderten Magazinen und zerlesenen Büchern lagen zwei dicke Bände. Warum fiel mein toter Blick gerade auf die Zeile ›Remembrance of Things Past‹, die auf den Rücken stand?

Ich lag auf meiner Matratze und las: *»For a long time I used to go to bed early. Sometimes, when I had put out my candle, my eyes would close so quickly that I had not even time to say ›I am going to sleep‹. And half an hour later the thought that it was time to go to sleep would awaken me; I would try to put away the book which, I imagined, was still in my hands, and to blow out the light; I had been thinking all the time, while I was asleep, of what I had just been reading, but my thoughts had run into a channel of their own until I myself seemed actually to have become the subject of my book.«*

Die langhinschwingenden Sätze Prousts zogen mich fort, und ich wurde *the subject of the book.* Ich sehe die »persische« Kirche von Balbec und werde von der Großmutter im Grand Hôtel zu Bett gebracht; ich beobachte die sportliche Albertine auf dem Strand und werde zu ihrem eifersüchtigen Gefangenen; ich staune und entrüste mich über die kokette Odette; ich bewundere den reichen, feinsinnigen Swann; Elstir läßt mich das Nicht-Sichtbare in der Malerei entdecken; ich lausche im Salon der Vendurins der Musik Vinteuils; ich beneide den Schriftsteller Bergotte und bin von seinem hochtrabenden Wesen abgestoßen; ich schmecke die Madeleine der Tante Leonie; ich werde vom Baron Charlus verfolgt und beobachte ihn, wie er sich an den Schneider Jupin heranmacht. Meine Sinne kehren wieder und *my thoughts run into a channel of their own.*

Wir sitzen um den runden Tisch unter der tiefgezogenen Lampe, Vater, Mutter, Tante Mallie und wir drei Buben. Der Vater erzählt lustige Geschichten, er spricht laut, und wir werden auch immer lauter und übermütiger. »Kinder«, ruft die Mutter, »beim Essen soll man doch nicht reden, das tut man nicht!« Nach Tisch, wenn die Schüssel, in der nur noch wenig Rote Grütze übriggeblieben ist, abgeräumt ist und der Vater seinen letzten Schluck Bier genommen hat, macht er »Baum«. Breitbeinig stellt er sich hin, winkelt die Arme hoch und spannt die Muskeln an – er war als Student im Turnverein gewesen –, und mein kleiner Bruder klettert hinauf. Dann werden wir zu Bett geschickt. Der Vater geht in die Bibliothek, setzt sich unter die gelbe Seidenlampe, raucht zu einer Flasche Rotwein eine Zigarre und liest. Ich liege in meinem Bett und lese auch.

In den Ferien wird der ganze Haushalt samt Tante, Köchin und Kindermädchen ins Gebirge an den Tegernsee oder an die See auf die Insel Föhr verlegt. Im Elternschlafzimmer stellt der Vater seine Staffelei auf und zeichnet. Gab es einen Tag, an dem er nicht mit seiner Pfeife im Mund vor einem weißen Blatt Papier stand und zeichnete? Wir spielen an der Weissach und setzen ein kleines Schaufelrad in das sprudelnde Wasser oder toben im Heu. Am Strand der Nordseeinsel suchen wir Muscheln, mit denen wir auf der Wand unserer Sandburg Bilder legen. Einmal bekomme ich dafür einen Preis von der Kurverwaltung, eine Kodak-vest-poket-camera. Ich hatte eine Glocke gelegt, um die große Fische schwimmen, Runghold, die versunkene Stadt. Die Großmutter hatte uns die Sage erzählt. Ruhig sitzt sie im Strandkorb in grauem Taftkleid, ein weißer Spitzenkragen wird von Stäbchen um ihren Hals gehalten. Einmal im Sommer dürfen wir mit ihr in die Konditorei gehen, in die »Rote Heide«, und soviel Kuchen essen, wie wir wollen. Wir laufen schon Tage vorher an die Auslage, um zu besprechen, was wir haben wollen. Mein Bruder sagt, zuerst was Trockenes, dann kann man mehr essen.

Später ziehen wir als Pfadfinder hinaus an den Starnberger See. Am Lagerfeuer liest einer den

›Cornet‹ von Rilke vor. Wir blicken in die Flammen und sehen »den von Langenau tief im Feind, aber ganz allein. Der Schrecken hat um ihn einen runden Raum gemacht und er hält, mittendrin, unter seiner langsam verlodernden Fahne.« Oder wir hören ›Die Entdeckung Eldorados‹ aus den ›Sternstunden der Menschheit‹ von Stefan Zweig, die Geschichte von Johann August Suter, dem kühnen Abenteurer, der Kalifornien entdeckt und urbar gemacht hat und dann vom Gold zugrundegerichtet wurde. Auch er ein einsamer Held. Wir gehen hinauf zum Kirchlein von Holzhausen und hängen Lampions in die dicken verknorzten Äste der Linde, die vor ihm steht. Zur Klampfe singen wir aus Brechts ›Hauspostille‹:

Durch die klaren Wasser schwimmend vieler
Meere
Löst' ich schaukelnd mich von Ziel und
Schwere
Mit den Haien ziehend unter rotem Mond ...

Oder:

Lobet den Baum, der aus Aas aufwächst
jauchzend zum Himmel!
Lobet den Baum, der es fraß.
Aber auch lobet den Himmel.

Erinnern half nicht – jetzt nicht mehr. Bücher, Bilder, vertraute Gespräche – hatten sie gelogen? Woran konnte ich mich jetzt noch halten?

Im *camp* kam eine Zeit der Unruhe. Wir wurden getrennt, neu zusammengestellt und versetzt, immer wieder, immer mit unbekanntem Ziel. In Arizona ernteten wir Baumwolle, *twohundredandfifty pounds minimum!* Gebückt, mit der Schlaufe über der Schulter einen langen weißen Sack hinter uns durch die sandigen Furchen ziehend, zupften wir links und rechts die Baumwolle von den Büschen. Sie saß in spitzigen Kapseln, unsere Fingerkuppen wurden blutig. Die flinken Mexikanerinnen und Mexikaner, die so klein waren, daß sie sich nicht bücken mußten, die man nicht sah, sondern nur rascheln hörte, zeigten uns, wie man die weißen Wattebäuschchen anzufassen und mit einem kurzen Ruck herauszureißen hatte. Ihre braunen dünnen Finger waren geschickter und flinker als unsere.

Hier war die Hitze trocken, endlich waren wir nicht ständig in Schweiß gebadet. Die weite Landschaft mit riesigen, borstigen Kakteen, an deren Horizont rote, quergestreifte Tafelberge standen, sahen wir nur, wenn wir uns aufrichteten, um unsere Säcke auf die Waage zu hieven. *Twohundredandfifty pounds* waren nicht leicht zu schaffen. Wir schmuggelten Steine in die Säcke. Als die Farmer, für die wir arbeiteten, das merkten, schimpften sie mächtig und brachten uns kein Coca-Cola mehr. Die Steine beschädigten die Maschinen, mit denen die Flocken sortiert und gereinigt wurden. Außerdem mußten sie für uns einen vollen Lohn an die *army* zahlen.

Wir waren quer durch ganz Amerika und über den Grand Canyon gefahren, als wir in Montana ankamen. Hier war es saftig grün, und ein frischer Wind wehte von den Bergen. Bald froren wir, früher Schnee fiel. Wir hausten in Zelten. Wir ernteten Zuckerrüben. Wieder gebückt, zogen wir mit einem scharfen Hackmesser, das an der Spitze einen großen Dorn hatte, die Rüben aus der klebrigen, halbgefrorenen Erde und warfen sie auf einen Wagen. Wenn wir stundenlang das schwere Messer fest in der Faust hielten und immer die gleiche Bewegung ausführten, bekamen wir Krämpfe in den Händen und Schmerzen im Rücken. Wir malochten schweigend, und am Abend waren wir zu erschöpft, um viel miteinander zu reden. Die Rübenfarmer stammten von Schwaben ab, die im vorigen Jahrhundert ausgewandert waren. Sie sprachen ein von amerikanischen Brocken durchsetztes altmodisches Schwäbisch, das wir noch schwerer verstehen konnten als den Slang unserer Bewacher. Wir verstummten und entfernten uns voneinander.

Radio und Filme gab es hier nicht. Aber Mäuse! Sie waren unsere Spielgefährten. Wenn wir abends in unseren Schlafsäcken noch wach lagen, kamen sie unter den Zeltplanen hereingehuscht. Wir kannten sie bald bei den Namen, die wir ihnen gegeben hatten: die Micki und Toby, Schnurzi und Purzi. Daß Tiere ihre Individualität haben, weiß jeder Bauernbub, der auf der Weide seine Kühe beim Namen ruft. Daß auch diese unscheinbaren, verachteten Kreaturen Einzelwesen sind, war mir eine unerwartete Erfahrung. Sie waren höchst possierlich, wenn sie nach den Käse- und Wurstbröckchen trippelten, die wir ihnen zuwarfen, sie in die zarten Fingerchen ihrer kleinen Pfoten nahmen und sie auf den Hinterbeinen sitzend mit vollendeter Manier verspeisten und dann ihre Barthaare wischten. Daß sie aber nachts über unsere Gesichter huschten, hatten wir nicht so gern.

Wir waren auch zu grauen Mäusen geworden. Unser Umgang hatte sich auf die notwendigsten Verrichtungen reduziert. Es waren abermals »Neue« ins Lager gekommen. Mit den alten Neuen aus Italien hatte sich inzwischen Gemeinsamkeit entwickelt, wir unterschieden uns kaum noch voneinander. Schließlich waren ja auch ihre Haare wieder gewachsen. Aber diese Neuen waren nicht nur viel jünger, sondern zum Teil auch viel älter.

Sie gehörten zu dem letzten Aufgebot von Schülern und Männern, die man in die verlorenen Schlachten gejagt hatte. Sie waren in den Ardennen, ja fast schon in ihren Dörfern gefangengenommen worden. Sie waren keine Soldaten. Sie wußten nichts von Kameradschaft. Wie streunende Hunde liefen sie zwischen uns herum und zerstörten die letzte Ordnung. Sie stellten sich beim Essenfassen nicht an, sondern drängelten sich um die Töpfe und Kannen, wir waren alle mit Suppe und Kaffee bekleckert. Sie klauten Handtücher, wenn man unter der Dusche stand, und maulten herum, daß wir alten Säcke ihnen nichts mehr zu befehlen hätten, der Krieg sei aus, und wir wären alle gleich.

Unser ganzes Streben in all den Jahren war aufs Überstehen gerichtet gewesen, auf das Erhalten unserer Persönlichkeit, auf das Bewahren unserer Erinnerung. Unser Denken und Fühlen war stillgestanden. Nun kam es in Bewegung. Nun sorgten wir uns nicht nur darum, ob unsere Angehörigen und Freunde noch lebten, sondern wie sie lebten. Wir sprachen nicht mehr von den vergangenen Zeiten. Das Erinnern war der Sorge gewichen. Der Trost einer verklärten Welt hatte uns zusammengeführt, die Angst vor einer zertrümmerten Welt trennte uns wieder. Fassungslos stierten wir auf die Fotos der Ruinen von Köln, der Trümmer von Berlin in »Life«. Die brennenden Häuser in Warschau hatten wir vergessen. Wir weinten, als wir unsere Mütter und Frauen Steine schleppen und Wagen voll Schutt schieben sahen. Daß wir die von Fanfarenmusik begleiteten Bilder düsterer Züge polnischer und französischer Kriegsgefangener mit Genugtuung betrachtet hatten, wollten wir nicht mehr wahrhaben. Die Glasglocke, unter der die Zeit stillgestanden war, zersprang, der kalte Wind der Gegenwart wehte uns an und warf alles durcheinander.

Post kam jetzt öfter. Die Mutter schrieb, daß der Vater einen Schlaganfall erlitten habe. Das sei schon vor Monaten gewesen, nun ginge es ihm aber besser, er könne wieder allein gehen und die Zeitung lesen. Der Vater gelähmt und blind? Ich kannte ihn nur aktiv und neugierig, fleißig und fröhlich. Er war nie krank, anders als die Mutter, die ihr Leben lang unter den Schmerzen einer Hüftgelenkentzündung litt. Doch, einmal, ja einmal war er im Krankenhaus gelegen. Er hatte eine schwere Mittelohrentzündung.

Auf dem Heimweg von der Winthirschule besuche ich ihn im Roten Kreuz. Er liegt still in einem großen weißen Metallbett mit einem stoppeligen, graugesprenkelten Bart und kommt mir fremd vor. Aber er lacht mich an, und ich freue mich, daß er sich freut, mich zu sehen. Die Mutter ist immer bei ihm. Sie hat es durchgesetzt, hinter einem Paravent in seinem Krankenzimmer zu schlafen. Ich darf das Kompott essen, das er von der frühen Mittagsmahlzeit hatte stehenlassen.

Nach der Genesung verordnet der Arzt ihm Spaziergänge. Wenn er sich am Nachmittag nach der Arbeit auf den Weg macht, nimmt er mich mit. Bald haben wir genug von den Schwänen im Nymphenburger Schloßpark und den Rhododendren im Botanischen Garten. Wir betrachten lieber die Knusperhäuschenvillen in Gern. Aber die Straßen sind dort leer, die Menschen sitzen hinter den abenteuerlich drapierten Tüllvorhängen und sehen *uns* an. So streifen wir bald nur noch durch die Kleinbürger- und Arbeiterviertel hinterm Rotkreuzplatz, gucken in die Schaukästen der Kinos und die Auslagen der Kramläden, lesen die Plakate an den Litfaßsäulen und beobachten die Hausfrauen beim Einkaufen und die Angestellten und Arbeiter auf dem Heimweg. Der Vater entdeckt immer etwas: neue Brillengestelle beim Optiker, falschgeschriebene Tafeln am Obstkarren, »dolle« Hüte, die Frauen auf dem Kopf haben. Er macht mich aufmerksam auf die Unmenge von Aktentaschen, die durch die Gegend getragen werden. »Was da wohl drin ist?« Ich lerne das genaue Hinsehen.

Zuweilen kauft er eine Kleinigkeit, um sich mit den Leuten zu unterhalten; er will nicht nur wissen, wie sie aussehen, sondern auch, wie sie sprechen, was sie denken. An der Blutenburgstraße ist ein winziger Laden für Tabak, Zeitungen und Zeitschriften. Aber die ›Neue Rundschau‹ und die ›Europäische Revue‹, nach denen der Vater fragt, gibt es nicht. Der schmächtige, nervöse Verkäufer mit einer großen Hornbrille entschuldigt sich wortreich: »Ich bedaure ... verstehen Sie bitte ... solche Publikationen werden hier nicht verlangt ... das kulturelle Niveau dieser Gegend ... nun ja ... Sie verstehen.« Der Vater kauft ein Päckchen österreichischen Landtabak, Krüllschnitt. Mich fasziniert diese tabakduftende Höhle voller bedruckten Papiers, und ich frage immer wieder: »Gehen wir heute zum kulturellen Niveau?«

Und noch ein Lager, das letzte auf amerikanischem Boden. Aber das ahnte ich nicht. Wieder war ich fremd, kannte keinen, wollte auch keinen mehr kennen, Abschiede waren schlimmer als Einsamkeit. Gleichgültig betrachtete ich den Haufen, mit dem ich jetzt zusammenleben mußte. Es waren ruhige Burschen, sehr jung, alle unter zwanzig. Gelassen, wie selbstverständlich, hielten sie Ordnung. Das Handtuch lag nach Tagen immer noch da, wo man es hingelegt hatte, falls nicht einer gekommen war und es gebracht hatte: »Du hast dein Handtuch vergessen.«

Sie waren SS-Soldaten. Beim Duschen konnte man die blauen Tätowierungen unter den Achseln sehen. Sie waren »Gezogene«, nicht Freiwillige. Von der Schule weg, aus der Lehre, von einer Napola waren sie einberufen worden. Der Nationalsozialismus war ihre Lebensweise, sie hatten nie von einer anderen gehört und schienen sich auch jetzt für keine andere zu interessieren. Sie sprachen nicht von Politik, ab und zu sagte mal einer, daß es doch schade sei, daß Hitlers Wunderwaffe nicht mehr zum Einsatz gekommen war. Trotz ihrer Kameradschaftlichkeit blieben sie mir fremd. Sie waren nicht »Neue« wie die Fallschirmjäger aus Anzio oder das letzte Aufgebot aus den Ardennen; sie waren andere, und sie waren unheimlich.

Es beunruhigte mich, daß ich ihnen zugeteilt worden war, denn darüber, was mit uns geschehen würde, gingen allerhand Gerüchte um. Es hieß, Kontingente von uns würden in französische und belgische Bergwerke geschickt, um Reparationsarbeit zu leisten, um dafür zu büßen, was wir angerichtet hatten. Nur »zuverlässige«, »demokratische« Kriegsgefangene würden in die Heimat entlassen – später, denn das zerstörte, ausgehungerte und besetzte Deutschland könne nicht so viele zusätzliche Männer vertragen.

Aber noch einmal wurde ich aussortiert und fand mich auf einem Schiff wieder. Dort wurde gemunkelt, man habe gesehen, wie Kisten mit Bibeln verladen wurden, also ginge es in die Heimat zur Reeducation. Wir landeten in Portsmouth in England.

London

Bromley war ein idyllisches Stadtviertel im Südosten Londons. Hinter Vorgärten mit grünen Stauden und bunten Blumen lagen kleine Häuser im Tudorstil, dazwischen Parkanlagen. An der High Street gab es winkelige Läden für Tabak, Hüte oder Lebensmittel und immer wieder Pubs mit engsprossigen Fenstern und originellen Aushängeschildern. Bromley war eine *middle-class-residence,* man konnte glauben, gleich würden Mr. Pickwick oder Mrs. Marple um die Ecke kommen. Unser Kriegsgefangenenlager war ein mit Stacheldraht umzäunter ehemaliger Sportplatz. Auf ihm standen die Armeezelte, in denen wir hausten.

Hier herrschte ein strikter militärischer Ton, ja unsere Dienstgrade wurden wieder eingesetzt und mußten beachtet werden. Es gab auch eine strengere Lagerordnung als je in Amerika. Der Lagerkommandant spazierte mit seinem Offiziersstöckchen durch die Reihen der Zelte und kontrollierte, ob sie auch eingehalten wurde. Wir bekamen die khakibraunen Uniformen der British Army, nur auf dem Rücken der Blusen waren große dunkle Quadrate eingenäht, auf denen ein PW uns als

Kriegsgefangene auswies. Von vorne sahen wir aus wie Tommys. Wir fühlten uns wieder wie Rekruten in der Grundausbildung.

Allmorgendlich zogen wir hinaus, um in den Straßen Gräben auszuheben und Kabel zu ziehen, wir reparierten die Schäden, die unsere Bomben angerichtet hatten. Hausfrauen und Kinder sahen uns neugierig zu, und wir blickten sie neugierig an. Wie lange war es her, daß wir bürgerliches Leben gesehen hatten? Aber sie durften nicht mit uns sprechen. *No fraternisation* war auch uns eingebleut worden. Nicht alle hielten sich daran, immer wieder versuchte jemand mit uns ins Gespräch zu kommen, aber die Tommys, die uns bewachten, vertrieben jeden.

In der ›Times‹ waren bald Briefe von Lesern abgedruckt, die sich darüber beschwerten. Der Krieg sei nun zu Ende, und jetzt müßten wir alle in Frieden miteinander leben, ja es sei notwendig, daß die *german boys* lernten, was *democracy* sei, *fraternisation* sei das Gebot der Stunde. Es gab eine Unterhausdebatte, und die *nonfraternisation* wurde abgeschafft. Das erstaunte uns, das war unsere erste praktische Erfahrung mit Demokratie. Nie hatten wir erlebt, daß Bürger öffentlich ihre Regierung kritisierten und die Regierung ihren Wünschen folgte.

Nun durften wir nicht nur auf der Straße mit

den vorbeikommenden Männern, Frauen und Kindern reden und von ihnen auch mal Zigaretten geschenkt bekommen, wir wurden auch in ihre Häuser eingeladen. Am späten Sonntagvormittag standen Ehepaare und ganze Familien am Lagertor, um uns abzuholen. Wir waren vorher streng vergattert worden *to behave decently.* Dem Lagerkommandanten schien das alles nicht recht zu behagen, aber er bestimmte dann doch, wer zu wem gehen durfte. Um 6 Uhr war *last post,* wir hatten uns pünktlich zurückzumelden.

Mein erster Gastgeber war ein Wäschereibesitzer. Er zeigte mir stolz seine kleine Fabrik, die er aus den Trümmern der *nazi air raids* wieder aufgebaut hatte. Dann saßen wir an einem runden, weißgedeckten Tisch vor bunten Porzellantellern und einer silbernen Vase mit Blumen. Alle falteten die Hände, der Hausherr sprach ein Gebet. Ich war so aufgeregt, daß mir die Hände fast zitterten, als ich nach so langer Zeit wieder mit silbernem Besteck hantierte, eine Serviette benutzte und Wasser aus einem Kristallglas trank.

Es gab Roastbeef. Der Hausherr säbelte mit einem riesigen Messer die Scheiben ab und legte sie auf einen Teller, den die kleine rundliche Köchin in weißer Schürze dann energisch vor uns hinstellte. Dazu gab es einen undefinierbaren matschigen *pie* und grüne *mintsauce.* Ich hatte Mühe, gleichzeitig manierlich zu essen und mich an der gedämpften Unterhaltung über Wetter, Lebensmittelpreise und lokale Ereignisse zu beteiligen. Später saßen wir auf großgeblümten Sesseln um den Kamin. Tee wurde gereicht, die Hausfrau schüttete erst die Milch in die Tasse und goß dann den tiefbraunen Tee darauf. *»Do you take sugar?«* Dazu gab es warme, zuweilen leicht angebrannte *muffins,* auf denen salzige Butter schmolz. Der Hausherr las aus der ›Times‹ einen Artikel über Gartenpflege vor. Niemand rauchte, bei Tisch hatte es keinen Alkohol gegeben.

Jeden Sonntag wurden wir zu einer anderen Familie geschickt, aber jeder Sonntag lief im gleichen trägen Rhythmus ab. Nicht immer waren die Mahlzeiten üppig. Oft gab es Hammelfleisch. Das erinnerte mich an zu Hause. Meine Mutter war eine Friesin, und ihr Bruder, der auf den fetten Wiesen an der Nordseeküste Hammel züchtete, schickte uns saftige Keulen. Sie kamen mit Petersilie gespickt auf den Tisch, und dazu gab es rohe Kartoffelklöße aus der thüringischen Heimat meines Vaters. In München aß niemand Hammelfleisch, und die Klöße waren Knödel.

Und immer gab es fettige *pies* oder *puddings* und duftenden starken Tee mit Milch. *»Do you take sugar?«* Alle waren gleich eingerichtet, Mahagonischränke mit Glastüren vor tiefblauen oder dunkelgrünen Wänden, Chippendalestühle und

Sessel mit großflächigen Blumenmustern, die Kaminsimse waren dekoriert mit Familienfotos und Glückwunschkarten.

Die Frauen strickten oder häkelten und streichelten ihre Katzen und beteiligten sich an der Konversation nur, wenn es um den Garten oder die Lebensmittelpreise ging. Über Politik wurde ohne Emotion gesprochen, nicht viel anders als über Siege oder Niederlagen der *cricket-* oder *football*-Mannschaften. Churchill war als Premierminister abgewählt worden. Ich wunderte mich, daß man diesen großen Mann, der dem Land doch den Sieg gebracht hatte, so einfach wegschickte. *»Oh, we don't like great men.«* Der Führer der Labour Party Clement Attlee schien ihnen jetzt für die Friedenszeit lieber zu sein als der *blood-sweat-and-tears*-Churchill des Krieges.

Schließlich hatte ich das Glück, von einem Lehrerehepaar eingeladen zu werden. Sie waren im Vergleich mit den Engländern, die ich bisher kennengelernt hatte, ungewöhnlich eloquent, *small talk* gab es fast nicht, und sie dozierten gern. Es ging nicht darum, was für Blumensamen einzukaufen wären, wieviel Dünger man verwenden müsse und welche Vögel schon daseien. Es ging um Literatur. Mr. Smith schwärmte von englischer Lyrik. Er hatte viele Gedichte im Kopf und rezitierte sie gern. Er liebte die Poesie wie Carl Lamb die

Kunst. Seine Lieblingsdichter waren John Donne und William Blake. Ich kannte sie nicht, in unserem Englischunterricht hatten wir Tennyson gelesen, ›The Charge of the Light Brigade‹ als ein Beispiel für Gehorsam und Heldentum. Die Ballade schildert, wie im Krimkrieg eine kleine englische Kavalleriebrigade einem Befehl gehorcht, von dem sie weiß, daß er auf einem Irrtum beruht, aber dennoch unerschrocken gegen die russische Übermacht anreitet und im Artilleriefeuer fast ganz vernichtet wird. Die verhängnisvollen Zeilen *someone has blundered* als in *the valley of Death rode the six hundred* konnte ich fast noch auswendig. Aber damit kam ich schlecht an. Für diesen patriotischen Kitsch hatte Mr. Smith nur Hohn. Er schenkte mir je einen Band von Donne und Blake.

Wieder einmal lag ich auf einer Matratze und wurde von Worten fortgetragen. Es konnte nichts Gegensätzlicheres geben als die intellektuelle Inbrunst und den barocken Wortrausch Donnes und die mystischen Visionen und innigen melodiösen Verse Blakes. Aber in ihrer moralischen Unruhe waren sie sich doch ähnlich. Und wieder einmal war es Dichtung, an der ich meine Gedanken zu orientieren versuchte. Ich bemühte mich, ein paar Gedichte zu übersetzen. Ich glaubte, daß es mir bei einigen Sonetten Donnes gelungen war, eine deutsche Form zu finden, aber bei Blake scheiterte ich, nur meine Übertragung der ›Proverbs of Hell‹ wollte ich gelten lassen.

Doch ich versenkte mich nicht nur in Gedichte. Mit nicht geringerer Intensität und wachsender Neugier las ich jeden Tag die ›Times‹, den ›Manchester Guardian‹ oder den ›Listener‹. In den Berichten über die Debatten im Unterhaus, in den Nachrichten aus Deutschland und der Welt wurden die abstrakten Ideen von Freiheit, Gerechtigkeit und Menschenwürde zu realen Fakten. Schon in Amerika hatte der Optimismus, mit dem dieses Land den Krieg führte, der Pioniergeist, der aus den Reden und Kommentaren im Radio und aus den Schriften von Jefferson bis Roosevelt, die uns zur Verfügung standen, mein Lebensgefühl verwandelt. Es war immer weniger vom Durchhalten bestimmt worden, von einem Sichbewahren, in dem Aktivität und Zielstrebigkeit keine Funktion hatten. Mein heimlich gelebter egoistischer Individualismus, gesogen aus den Büchern französischer Autoren von Montaigne bis Gide, hatte sich unter dem Einfluß dieses angelsächsischen Pragmatismus zu einem Gefühl der Verpflichtung gewandelt. Ich wollte, was ich wußte, was ich meinte, nun weitergeben.

Auch im Lager hatte sich unser Umgang miteinander verändert. Unsere Gespräche hatten einen anderen Ton bekommen, er war nicht mehr sentimental und rücksichtsvoll. Wir diskutierten, wir stritten, wir suchten uns zu orientieren und eine Wirklichkeit zu begreifen, die uns abhanden gekommen war. In einer Lagerzeitung, die wir mit einem alten Hektographierapparat selbst herstellten, übersetzte ich Artikel aus der englischen Presse und schrieb Aufsätze. Im Schreiben, nicht mehr im Übersetzen suchte ich meine Gedanken zu ordnen, zu formulieren und weiterzugeben. Wie Kinder, die zum ersten Mal sehen, daß Äpfel an Bäumen hängen und Milch aus Eutern von Kühen spritzt, entdeckten wir das Leben wieder. Aber was war das für ein Leben, das uns bevorstand?

Dann kam Keith. Er hatte beim Lagerkommandanten ausdrücklich nach mir gefragt. Er suchte Kontakt zu jungen Deutschen, und dabei waren ihm meine Artikel in unserer Zeitung aufgefallen. Als ich am Lagertor auf ihn zutrat und ihm ganz unenglisch die Hand entgegenstreckte, spürten wir spontan, daß wir uns verstehen würden.

Keith war etwa in meinem Alter, jung verheiratet und arbeitete im *meat trade* seines Vaters, der Fleisch aus Australien importierte. Er mußte viel in der Welt herumreisen, aber mehr als das Fleisch interessierte ihn die Politik. Das junge Paar lebte in einer kleinen Dachwohnung. Aus den Fenstern blickte man auf einen dieser grünen *courts,* die London zuweilen wie eine Ansammlung kleiner Dörfer erscheinen lassen. Es war kaum anders als in den Kleinbürgerhäuschen von Bromley. Aber unsere Gespräche waren ernsthafter. Von Poesie war nicht die Rede. Sie gingen um Politik und die Zukunft Europas und der Welt. Wendell Willkies Buch ›One World‹ war gerade erschienen. Der amerikanische Journalist war noch während des Krieges um die Welt geflogen und hatte nach Beweisen für seine humanitären Hoffnungen gesucht. Sein unangefochtener Glaube, daß die Vereinten Nationen alle Probleme lösen könnten, sein pragmatischer, so amerikanischer Idealismus hatten auch uns angesteckt.

Keith hatte es durchgesetzt, mich auch unter der Woche nach unserer Arbeit abholen zu dürfen. Er lieh mir Zivilkleider und führte mich durch das zertrümmerte London, durch die belebte Regent Street zum Picadilly Circus. Ich bewegte mich unsicher, wie einer, der lange im Bett gelegen hat und nun wackelig auf seinen Beinen steht. Seit vielen Jahren, seit ich bei Rosati auf der Via Veneto gesessen und die geschäftigen Römer betrachtet hatte, hatte ich mich nicht mehr frei und selbständig unter fremden Menschen bewegt. Sie waren hier weniger elegant gekleidet, und statt geschniegelter Bersaglieri schlenderten lässige GIs und stramme Tommys zwischen ihnen. Jeder Schritt, jedes Geräusch, jeder vorbeifahrende

Autobus, jede Auslage war für mich neu und erregend. Ich fürchtete, als verkleideter Deutscher erkannt zu werden, aber wenn wir in einem Pub standen und das lauwarme Ale tranken, sah ich in meinem Tweedjackett und den Twillhosen aus wie alle anderen, und niemand nahm von uns Notiz.

Eines Tages nahm Keith mich mit in die Albert Hall zu einer Kundgebung der konservativen Primrose League, auf der Churchill über »Empire and Freedom« sprechen würde und die Anwesenheit einiger Kriegsgefangener die Versöhnung der europäischen Völker symbolisieren sollte. Wir saßen hoch oben in einer Loge, neben mir noch zwei weitere deutsche Kriegsgefangene aus anderen Lagern, schüchtern und befangen. Aber nach ein paar flüchtigen Blicken achtete auch hier niemand auf uns.

Unter tosendem Beifall ging Churchill langsam zum Rednerpult. Von hier oben sah er viel kleiner aus, als ich ihn mir vorgestellt hatte, aber seine Stimme war energisch und klar. Mit sachlicher Argumentation begann er die Labour-Regierung zu tadeln. Dann sprach er in rhetorischem Schwung von der Zukunft und von den Tugenden, die die Nation den Krieg hatten überstehen lassen, und von der *individual freedom, on which alone a cultured civilisation can survive* und daß ein neues Europa entstehen müsse, *to carry forward the banners of Freedom and Justice, and uphold the ideals of true democracy.*

Freedom, justice, democracy – Worte und Begriffe, um die es in den Gesprächen mit Keith immer gegangen war, bekamen hier für mich Gewicht. Ich spürte sie plötzlich als eine Herausforderung, nicht mehr als eine nur individuell gehegte Hoffnung, sondern als Ansporn, Aufgabe, Verpflichtung. Mir war, als erwache ich aus einer Lähmung, als spränge eine lange niedergehaltene Feder in die Höhe, als stieße mich die klaustrophile Energie, die mich all die Jahre erhalten hatte, nun ins Freie.

München

An einem warmen Nachmittag im Juni 1947 stieg ich am Rotkreuzplatz aus einem überfüllten Trambahnwagen und ging hinüber in die Johann-von-Werth-Straße, wo meine Familie jetzt wohnte. Ich war durch die Nymphenburger Straße gefahren, meinen einstigen Schulweg, aber ich hatte sie nicht wiedererkannt, links und rechts standen Kulissen ausgebrannter Häuser, auf den Gehsteigen lagen Haufen von Schutt. Als ich 1942 nach Rom kommandiert worden war, war in München noch keine Bombe gefallen. Wie würde ich meine Eltern antreffen, wie meine Brüder?

In der Hand hielt ich den kleinen amerikanischen Koffer. In ihm waren meine Entlassungspapiere und die Quittung über 185 Lire und 8545 französische Francs, die mir bei der Gefangennahme abgenommen worden waren, die beiden Bände des englischen Proust, die Taschenbuchausgabe von Wendell Willkies ›One World‹, das Foto von Brahim und die Kladde mit meinen Notizen zum ›Prinzen von Homburg‹ und mit den Bemerkungen von Hermann.

Ich war zu Hause, und alles war mir fremd. Unsicher torkelte ich durch Trümmer. Nicht die Ruinen der Häuser machten mir zu schaffen, es waren die Ruinen der Vorstellungen und Hoffnungen, an die ich mich jahrelang geklammert hatte, die mich verstörten. Die Phantasie lebt von Erfahrungen, vom einmal Geschauten und Erlebten, wie tief das auch ins Unterbewußtsein gesunken sein mag. Unsere Vorstellungen und Pläne haben keine anderen Wurzeln. Was ich in den sechs Jahren, seitdem ich München verlassen hatte, befürchtet und erhofft hatte, war da, aber es war anders. Im September 1942 hatte ich aus Rom an den Vater geschrieben: »Wenn man die Situation, in der wir uns alle befinden, recht überdenkt, kommt einem manchmal das kalte Grausen. Ich bin von der Ahnung erfüllt, die die Überzeugung einer Gewißheit hat, daß wir einer ungeheuren Katastrophe zusteuern, aus der es für uns kein Entrinnen geben wird. Dieses Gefühl liegt manchmal auf mir wie ein Alpdruck und macht mich zu allem unfähig, manchmal bin ich wie gelähmt.«

Dieses Gefühl, aus dem ich meine Haltung auf verlorenem Posten gebastelt hatte, war, als ich in Amerika die Zeitungen las und die Wochenschauen sah, nur noch härter geworden. Die Lähmung hatte sich aber im Stillstand des Gefangenenlebens dennoch in Hoffnung verwandelt. Auch der verlorene Posten sieht eine Fata Morgana, wenn er in die Wüste starrt. Im Warten auf die Katastrophe hatte ich davon geträumt, einst ein neues Leben beginnen zu können, selbstbestimmt und nach außen gerichtet. Wenn die Nazis erst einmal besiegt und vernichtet wären, so hatte ich geglaubt, wäre alles möglich. Sie waren besiegt, aber wir waren keine Sieger. Und waren sie vernichtet? Welches Leben war jetzt möglich mit dem Erbe, das sie hinterlassen hatten? Die Bilder aus dem Film von der Befreiung des Konzentrationslagers verstellten mir immer wieder meine Hoffnungen.

Seit dem Tage, an dem ich aus Vorlesungen, Bibliotheken und Museen in die Kaserne gestoßen worden war, war es mir immer als selbstverständlich erschienen, mein Studium fortzusetzen und zu beenden. Aber die Universität, in deren zerstörten Gängen ich jetzt in langer Schlange um einen Studienplatz anstand, war nicht mehr die Universität, die ich im Kopf hatte. Die grünen Lampen im Lesesaal der Staatsbibliothek, unter denen ich einst das Leben aus Büchern zu begreifen versucht hatte, waren zerbrochen. Meine eigenen Bücher waren gerettet. Die Brüder hatten sie während eines Urlaubs zusammen mit den Zeichnungen des Vaters und seiner Bibliothek noch rechtzeitig ausgelagert. Die Wohnung war gegen Ende des Krieges in einem der letzten Luftangriffe zerstört worden. Ich war glücklich, die Bücher wiederzuhaben, aber ich schlug sie nicht auf.

Da kam Hans Eberhard Friedrich, der Freund aus römischen Tagen. Er war nun Herausgeber des ›Prisma‹, einer großformatigen und für damalige Zeiten üppig ausgestatteten Zeitschrift, in der die neuen Ideen in Literatur und Kunst vorgestellt und diskutiert wurden. »Was willst du denn noch studieren?« fragte er. »Komm her und mach mit. Jetzt gibt's nichts mehr zu lernen, jetzt muß gehandelt werden.«

An mehreren Tagen der Woche fuhr ich hinaus nach Gauting, wo die Redaktion in einer Baracke untergebracht war, und lernte Manuskripte redigieren, Umbruch kleben, Überschriften erfinden und Artikel schreiben. Wie der kesse Berliner mich im Gefangenenlager in Algerien durch seinen Lebensmut und seinen Humor aus meiner Lethargie gerissen hatte, erlöste mich Hans Eberhards umtriebige Neugier und seine Professionalität nun aus meiner Verzagtheit. Er zwang mich zu urteilen, Entscheidungen zu treffen und zu schreiben. Die polemischen Leitartikel, mit denen er jedes Heft eröffnete, entstanden aus langen und intensiven Gesprächen. Wir wollten das Neue, das Unbekannte, das aus internationalen Zeitschriften und Büchern hereinströmte, nicht nur vorstellen, wir wollten es zu Wirkung bringen, und wir wollten auch das Alte aufgrund unserer Erfahrungen überprüfen und zur Diskussion stellen.

Jetzt war Ästhetik Politik, und Politik war

nicht mehr das zu Verachtende, Kunst und Literatur waren nicht mehr ein geheimes Wissen, sondern eine öffentliche Angelegenheit, in die es sich einzumischen galt. In den Jahren der Isolation, der erzwungenen und der gewollten, hatte sich in mir mehr an Kenntnissen und Erfahrungen angesammelt, als ich geahnt hatte. Meine solipsistische Lektüre hatte mir ein Wissen eingebracht, das nun zu Standpunkten und Argumenten wurde. Und das erzwungene, aber angenommene Zusammenleben mit Männern, denen ich in meinem bildungsbürgerlichen Milieu nie begegnet wäre – dem Jesuitenzögling, dem Berliner Friseur, dem Kieler Gußputzer, dem Leipziger Kommunisten, dem Stuttgarter Fallschirmjäger, ja selbst den jungen SS-Soldaten –, hatte mir eine Menschenkenntnis gegeben, die mich nun Bilder anders sehen, Bücher anders lesen und Politik begreifen ließ.

Ich stellte meine geretteten Bücher wieder auf. Staunend und schmunzelnd nahm ich sie in die Hand. Zu fast allen hatte ich nun ein anderes Verhältnis, aber alle waren Stationen auf meinem Weg gewesen. Zettel mit Notizen und vergilbte Zeitungsausschnitte fielen heraus. Mit Neugier betrachtete ich die Anstreichungen und Randbemerkungen. Warum fiel mein Blick auf eine unterstrichene Stelle in den ›Bekenntnissen‹ des Augustinus – wie damals in Memphis auf die ›Remembrance of Things Past‹? Wann unterstrichen? Warum unterstrichen? Warum jetzt? Ich las: »Nicht müßig sind die Zeiten, nicht fruchtlos rollen sie dahin im Strombett unserer Sinneswahrnehmung; Wundersames wirken sie im Gemüte. Siehe, sie kamen und gingen vorüber von einem Tag zum anderen, und im Kommen und Vorübergehen säten sie in meine Seele neues Hoffen und Erinnern. Zu den altgewohnten Vergnügungen führten sie mich allmählich zurück. Mein Schmerz mußte ihnen weichen.«

Inhalt